Donald Freeman Jaskolla

Der Himmelsläufer

Ein Weg die Erde zu segnen

Zum Buch:

Das Buch beschreibt einen spirituellen Ausbildungsweg, der das Heilen von Mutter Erde und das Segnen miteinander verbindet.

Zum Autor:

Donald Freeman Jaskolla,
geb. 1960, Vater und Ehemann, Meditationslehrer, Erdheiler und Himmelsläufer, geht den Weg des Herzens. Seine Begegnungen mit Shamanen, spirituellen Lehrer/innen und seine eigenen tiefen Engelerfahrungen, finden Ausdruck in diesem Buch.

Für die Unterstützung bei der Herausgabe dieses Buches danke ich Elisabeth Jaskolla, Anja Krüger, Gisela von Bradke, Ute Zirlik und allen anderen Helfern.

Donald Freeman Jaskolla

Der Himmelsläufer

Ein Weg, die Erde zu segnen

Impressum:
Autor: Donald Jaskolla
Copyright © 2018
Herstellung und Verlag: BoD – Books on Demand,
Norderstedt
ISBN 978-3-7528-6660-5
Coverbild mit freundlicher Genehmigung von
Wallpaper Craft
Piktogramme von Pixabay

Bibliografische Information der Deutschen Nationalbibliothek:
Die Deutsche Nationalbibliothek verzeichnet diese
Publikation in der Deutschen Nationalbibliografie;
detaillierte bibliografische Daten sind im Internet
über http://dnb.dnb.de abrufbar.

**Wir sind alle heilige leuchtende Wesen,
auf einer spirituellen Reise,
die sich Leben nennt.**

Der Schamane

Inhaltsverzeichnis

Der Himmelsläufer

Die Begegnung

Es war an einem milden sonnigen Tag im Stadtpark, als ich ihm das erste Mal begegnete. Ich sah ihn auf der anderen Seite des kleinen Sees den Weg entlanggehen, der ihn über kurz oder lang direkt an mir vorbeiführen würde. Zunächst war es mir nicht klar, was mir so Besonderes an ihm auffiel, schließlich waren da ja noch eine Menge anderer Leute im Park unterwegs, aber da war etwas.

Vieleicht war es sein aufrechter Gang, oder aber die Art wie er ging? Es war da irgendetwas an ihm, was meine Aufmerksamkeit erregte und mich schließlich wie magisch anzog. Als er nur noch etwa fünfzig Meter von mir entfernt war, begann mein Herz auf einmal schneller zu schlagen, und mein ganzer Körper schien irgendwie auf diesen mir völlig unbekannten Menschen zu reagieren.

Dabei sah er eher unscheinbar aus, so zwischen vierzig und fünfzig Jahre alt, schätzte ich, mittlere Größe, grau meliertes Haar und eher drahtig gebaut. Aber da war so viel mehr, und ich wusste nicht, was es war, nur die immer stärker werdende Gewissheit einer schicksalshaften Begegnung, die mich erwartete. Eine Gewissheit nicht in meinem Kopf, sondern in meinem Herz und in meinem Geist.

Als er noch etwa zwanzig Meter entfernt war, erhob ich mich von der Bank, auf der ich saß und blickte ihm direkt entgegen. Unsere Blicke begegneten sich, und ein leichtes Lächeln erschien auf seinem Gesicht, worauf ich mich, obwohl es gar nicht meine Art war, leicht in japanischer Art verbeugte.

Er war es, der als erster sprach, *„wollen wir ein Stück des Wegs gemeinsam gehen?"* fragte er mich und ich antwortete kurz und knapp *„ja* *gerne doch"*, und so begann etwas, dessen Auswirkung in meinem Leben bis heute letztlich unabsehbar geblieben ist.

„Irgendetwas an Ihnen, an Ihrer Art zu gehen, ist mir aufgefallen," sagte ich zu Ihm, *„so dass ich neugierig bin, Sie kennenzulernen".*

„Oh meine Art zu gehen, das ist interessant, dass es Ihnen aufgefallen ist, nicht jeder bemerkt es".

„Bemerkt was ?" wollte ich von ihm wissen. *„Dass ich ein Himmelsläufer bin",* sagte er mit einem feinen Lächeln auf den Lippen.

„Was bitteschön ist denn ein Himmelsläufer?" fragte ich ihn. *„Nun, ein Himmelsläufer ist jemand, der den Himmel auf die Erde bringt"*antwortete er. Sein Lächeln wurde breiter, und in mir pur- zelten alle möglichen Gedanken und auch Assoziationen durcheinander. *„Bitte erklären Sie mir, was Sie damit meinen",* forderte ich ihn auf.

„Erklären? Ich glaube, ich werde Ihnen wohl lieber eine kleine Geschichte erzählen".

„In der alten Zeit, als die Menschen noch im Einklang mit der Natur lebten, gab es sie überall auf der Welt. Sie waren unter vielen verschiedenen Namen bekannt, aber die meisten Menschen nannten sie Himmelsläufer. Sie wanderten oft von Ort zu Ort und lehrten die Menschen den Weg des Einklangs von Himmel und Erde und den Weg des Segnens. Denn ein Himmelsläufer ist jemand der weiß, wo der Himmel beginnt und jemand, der weiß wie man die Erde segnet. Ja, ein Himmelsläufer bringt den Himmel auf die Erde und pflanzt ihn dort ein." Er lächelte.

„Den Himmel einpflanzen?" fragte ich ihn. „Mir sind Ihre Worte sehr rätselhaft, schließlich weiß doch jeder, wo der Himmel beginnt, bzw. wo er ist."

Er blieb für einen Moment stehen und blickte mich durchdringend an. „Ach ja und wo bitteschön beginnt der Himmel Ihrer Meinung nach?" fragte er mich.

Ich streckte meinen Arm nach oben. *„Nun, der Himmel ist über uns, das weiß doch jeder,* war meine Antwort."

„Genau das unterscheidet einen Himmelsläufer von anderen Menschen," sagte er. *„Ein Himmelsläufer weiß, dass der Himmel unter seinen Fußsohlen beginnt, wenn er auf der Erde läuft, und weil er es weiß, bringt er den Himmel auf die Erde."*

„Aber wie bitteschön pflanzt man denn den Himmel in die Erde?" fragte ich ihn? *„Nun das ist eine andere Geschichte,"* antwortete er, *„aber bevor man pflanzt, muss man erst mal lernen zu laufen."*

Irgendetwas in mir wusste einfach, dass dies eine besondere Begegnung war, und obwohl mir seine Worte nicht wirklich Sinn machten, wollte ich mehr wissen. Ja, ich wollte etwas von ihm, ohne genau sagen zu können, was.

Ich erinnerte mich an die Geschichten von alten weisen Leuten und geistigen Lehrern, die geheimnisvoll in unser Leben treten, und von denen man wirklich etwas lernen kann. Ich hatte das deutliche Gefühl, dass genau diese Begegnung so etwas sein könnte. Unglaublich, dass mir das passieren sollte. Also fragte ich diesen mir völlig fremden Menschen, *„könnten Sie es mir beibringen?"* *„Beibringen was?"* *„Na, wie man ein Himmelsläufer wird."*

Er hielt inne und schaute etwas seitlich an mir vorbei. Sein Blick schien in die Ferne gerichtet. Dann sprach er zu mir: *„Nun, Sie sind der Erste seit Langem, dem etwas an meiner Art zu laufen aufgefallen ist, es könnte also einen Versuch wert sein, wenngleich es nicht leicht wird, Sie werden sehen. Ein Himmelsläufer wird man nicht an einem Tag, es braucht bei vielen ein ganzes Leben, und auch das reicht nicht immer aus. Aber es gibt nur noch so wenige von uns, dass wenn Sie wirklich lernen wollen, es einen Versuch wert ist."* Er hielt nochmals inne, *„na ja, wir werden sehen."*

Der grauhaarige Mann betrachtete mich lange und eingehend, aber schließlich lächelte er wieder und lud mich mit einer leichten Kopfbewegung ein, den Weg mit ihm fortzusetzen. So begannen die Unterweisungen und mein eigener Weg als Himmelsläufer.

Der Himmel unter den Füßen

„Beginne den Himmel ab jetzt unter deinen Fußsohlen zu spüren, beim Laufen, beim Stehen, beim Sitzen und wenn du liegst, unter deinem ganzen Körper. Immer wieder, so oft du kannst, lenke deine Aufmerksamkeit zwischen deine Fußsohlen und die Erde. Dort beginnt von nun an für dich der Himmel.

Spüre den Himmelsraum überall um dich herum. Aber spüre ihn besonders unter deinen Fußsohlen, so beginnt jeder Himmelsläufer seinen Weg, und auf diese Weise wird er zum Segen für die Erde.“

Ich bemerkte, dass er vom Sie zum Du gewechselt war und fühlte mich von ihm angenommen.

„Dies ist der erste Schritt und mehr kann ich dir heute nicht zeigen. Aber komm wieder, wenn du den Himmel unter deinen Füßen halten kannst."

„Den Himmel halten?"„Ja, wenn der Himmel unter deinen Füßen für dich zur Wirklichkeit geworden ist, wenn er dir nicht mehr abhanden kommt, dann komm wieder zu mir."

„Aber wie werde ich Sie finden? Ich kenne Sie doch gar nicht, und weiß nicht, wo ich Sie finden kann."

„Der Himmel wird dich führen, und ich werde hier sein, denn er führt auch mich."

„Aber ich habe noch so viele Fragen an Sie. Warum gibt es nur noch so wenige Himmelsläufer, und was bedeutet das Ganze eigentlich?"

Ich spürte eine Art von Aufregung in mir, eine leichte Angst, dass diese Begegnung vielleicht die Einzige gewesen sein könnte, und ich diesen merkwürdigen Kauz niemals mehr wieder sehen würde.

Da war es wieder, sein leichtes Lächeln, als er sagte: *„Wir sind so wenige, weil es Geduld braucht, und die ist rar heutzutage."* *„Und was es bedeutet, das Ganze,"* - er machte eine weit ausholende Geste, als würde er die ganze Welt umfassen. *„Was es bedeutet, das weiß nur der Himmel."* Dies waren seine letzten Worte zu mir, und er entfernte sich mit leichten federnden Schritten.

Die ganze Begegnung hatte nur etwa eine halbe Stunde gedauert, doch in mir war etwas aufgeweckt worden, ich könnte nicht sagen, was es war, aber eine merkwürdige Art von Zuversicht, ja fast Euphorie erfüllten mich, und ich begann sogleich zu üben, den Himmel unter meinen Füßen zu spüren.

Es sollte fast drei Wochen dauern, bis wir uns wieder sahen, aber was in diesen drei Wochen in meinem Leben geschah, war so unglaublich, dass ich bis heute nur staunen kann, wie eine einzige Begegnung und diese eine Übung mein ganzes Leben veränderten.

Übungswege

Ich begann also meine Aufmerksamkeit auf die Fußsohlen zu lenken, genauer gesagt, auf die Berührungszone zwischen den Fußsohlen und der Erde. Ich versuchte ein Gewahrsein dafür zu entwickeln, dass genau dort der Himmel beginnt.

Bei dieser Übung kam mir durchaus zugute, dass ich mit verschiedenen Meditationstechniken vertraut war. Doch es war alles andere als leicht, das Gewahrsein unter den Fußsohlen zu halten, und gleichzeitig den Himmelsraum wahrzunehmen, der uns umgibt, und direkt über der Erde beginnt.

Wieder und wieder lenkte ich meine Aufmerksamkeit dort hin, wieder und wieder verlor ich nach einiger Zeit den Fokus darauf. Jeder, der schon mal versucht hat zu meditieren, kennt das. Gedanke um Gedanke, Ablenkung um Ablenkung schiebt sich dazwischen.

Ja, es fällt unglaublich schwer, die Aufmerksamkeit bei nur einer einzigen Sache zu halten, zumal die Wahrnehmung des Himmels unter den Füßen so ungewohnt für mich war. Aber mein innerer Wunsch, diesen alten Kauz wiederzusehen, und die Herausforderung, die erste Lektion zu meistern, waren so stark, dass ich nicht aufgab.

Nach drei Tagen des immer wiederkehrenden Übens, gelang es mir plötzlich leichter, dieses Gewahrsein des Himmels unter den Fußsohlen für eine längere Zeit zu halten. Ob beim Laufen, beim Sitzen, oder beim Stehen, in allen möglichen Situationen lenkte ich meine Aufmerksamkeit unter die Füße und versuchte, den Himmel genau dort zu spüren.

Nach drei weiteren Tagen jedoch, waren meine Füße irgendwie überenergetisiert und begannen, mehr und mehr zu kribbeln, sodass eine immer größer werdende Unruhe sich in mir ausbreitete.

Da musste ich plötzlich an den alten Kauz denken und an seine Worte: „ich bin ein Himmelsläufer", und da begann ich zu laufen.

Je mehr ich lief, und die Aufmerksamkeit dabei unter den Fußsohlen hielt, umso mehr ließ das Kribbeln nach, und die aufgestaute Energie floss ab in die Erde.

Nach etwa einer Woche war mir das Üben keine Anstrengung mehr, sondern irgendwie Freude. Ich bemerkte, dass sich mein ganzer Körper mehr und mehr aufzurichten begann, und eine Kraft und Energie mich durchflossen, die ich in dieser Form schon seit Jahren nicht mehr gespürt hatte.

Aber das war erst der Anfang. Ab einem bestimmten Punkt konnte ich die Aufmerksamkeit bei den Füßen halten und gleichzeitig andere Tätigkeiten verrichten, ohne dass meine Aufmerksamkeit dabei geteilt war. Die Fußsohlen blieben einfach irgendwie in meiner geistigen Präsenz.

Dann geschah etwas sehr Entscheidendes. Das Gewahrsein in mir dehnte sich für Momente so aus, dass es zu einer Art Raumgewahrsein wurde.

Ich spürte jetzt nicht nur die Empfindung der Berührung zwischen Füßen und Erde, sondern auch die Idee, dass genau dort der Himmel beginnt, wurde zu einem wahren Erleben.

Dieses Empfinden des Himmelsraumes nahm beim Üben nun Tag für Tag zu. Es gelang mir, diese Art von Raumgewahrsein für immer längere Zeitperioden zu halten. Ja, je mehr ich den Himmelsraum um mich herum spürte, umso stärker wurde auch die gefühlte Verbindung zur Erde. Nie zuvor in meinem Leben waren mir Himmel und Erde so nah gewesen. Nie zuvor empfand ich eine so starke Erfüllung dabei, körperlich präsent zu sein.

Es gab gewiss Tage, die waren nach wie vor wie ein zähes Ringen im Sammeln der Aufmerksamkeit, aber zu keinem Zeitpunkt verlor ich das Interesse und den Wunsch, diese Übung zu meistern.

So trug es mich durch die schwierigsten Phasen. Die Belohnung wurde mir in all den Momenten zuteil, die mich Himmel und Erde ganz bewusst fühlen ließen.

Nach etwa drei Wochen war mir die Raumerfahrung des Himmels so vertraut geworden, dass mein Gehen auf der Erde einer Art von Dahinschreiten glich, was mir wahrhaft engelhafte Momente beschied.

Ohne dass ich es gleich bemerkte, lenkten meine Schritte mich auf einmal in den Stadtpark, und es kam zu der zweiten Begegnung mit dem Himmelsläufer.

Laufen lernen

Er schritt barfuß auf einer Wiese unter Bäumen dahin, und sein Lächeln war wie eine Einladung, näher zu kommen.

„Ich grüße Sie," rief ich ihm zu und verbeugte mich. *„Wollen wir ein Stück des Weges gemeinsam gehen?"* Fragte er mich wie bei unserer ersten Begegnung vor drei Wochen. *„Ja, sehr gerne,"* antwortete ich ihm. *„Dann ziehe deine Schuhe aus und befreie deine Füße, damit sie atmen und die Kraft der Erde empfangen können." „Es waren drei interessante Wochen für mich, in denen ich viel lernen durfte, und ich würde Ihnen gerne davon berichten."*

„Ich sehe es, du bist auf dem Weg, laufen zu lernen, aber noch bist du zu schnell. Ein Himmelsläufer muss Geduld haben." „Oh, ich gehe doch ganz langsam," wandte ich ein. *„Nicht im Außen, im Inneren gehst du zu schnell. Du blickst auf ein fernes Ziel, und deshalb bist du zu schnell."*

„Wie meinen Sie das?" fragte ich Ihn.

„Nun, ein Himmelsläufer verweilt bei jedem Schritt, er geht nicht langsam oder schnell, er verweilt im Schreiten. Hast du den kleinen Kiesel bemerkt, über den du eben gegangen bist, oder die kleine Blume, die du gerade berührt hast? Bevor du nicht das Lied der Erde mit deinen Füßen hören kannst, bist du noch nicht bereit."

Ich runzelte leicht die Stirn und sah ihn fragend an. Er aber sprach weiter, „die Erde spricht immerfort zu uns, sie berührt uns auf ihre eigene Art, durch das Gras auf der Wiese, durch die Steine, den Sand, und durch die Art des Weges, den sie uns schenkt. Sie spricht zu unseren Füßen, und schließlich, wenn wir ihr unser Herz öffnen, spricht sie auch zu unserem Geist. Wenn deine Füße die Erde hören können, und dein Geist sie empfängt, dann hörst du auch ihr Lied.

Jetzt, wo du begonnen hast, laufen zu lernen, musst du sie liebevoll berühren, bei jedem Schritt. Schließlich ist die Erde wie deine Mutter,

sie trägt dich und sie nährt dich mit all ihren Ga-
ben. Berühre sie sanft bei jedem Schritt.
Lass sie deine Liebe und deine Dankbarkeit füh-
len, und dann komme wieder."

„Aber ich habe noch so viele Fragen an Sie,"
wandte ich ein.

„Frag nicht mich, frag die Mutter, frag die Erde.
So lernst du ihr Lied, aber erst lerne zu hören, be-
vor du sie fragst."
„Wie soll sie mir denn antworten?"

„Erinnere dich, wie es war, als du so drei bis vier
Jahre alt gewesen bist. Sicher jede zweite Frage
von dir an deine Eltern war ein Warum. Dein
Vater und deine Mutter haben dir immer wieder
geantwortet, bis du ein Bild von der Welt hattest.
Auch Mutter Erde wird dir antworten, sie liebt
dich und singt zu dir, höre ihr Lied, und alle
Antworten werden zu dir kommen. Aber vergiss
bei allem nicht, dir den Himmelsraum zu bewah-
ren."
Mit diesen Worten verabschiedete er sich
von mir und schritt über die Wiese davon.

In mir waren jede Menge Zweifel und Fragen, aber tiefer in mir gab es etwas, das sofort verstanden hatte, was der Himmelsläufer gemeint hatte. Es gab eine Ebene des Verstehens, jenseits von allen Fragen.

Es fühlte sich so an, als hätte ich all das schon immer gewusst, aber bis jetzt nie wirklich gelebt.

Mutter Erde, schon immer gefiel es mir, die Erde als Mutter zu betrachten, so wie die Naturvölker es schon immer getan haben. Bald jedoch sollte ich feststellen, dass diese schöne Idee nie meine gelebte Wirklichkeit gewesen war, dass außer ein paar innigen Momenten der Begegnung mit ihr, die Erde meinem Bewusstsein in Wahrheit noch fern war, aber dazu später mehr.

Die Rückkehr zu Mutter Erde

In den Tagen nach unserer zweiten Begegnung, praktizierte ich die Übungen wie zuvor. Immer wieder betrat ich in meiner Wahrnehmung den Himmelsraum und spürte, wie er schon direkt unter meinen Füßen beginnt. Schließlich waren mir die letzten Worte des Himmelsläufers, den Himmel dort zu bewahren, nicht entgangen.

Es ist gar nicht so leicht zu beschreiben, wie sich das bewusste Empfinden eines Himmelsraumes in meiner alltäglichen Wahrnehmung auswirkte.
Die geistige Wachheit und Präsenz meines Bewusstseins waren eindeutig gesteigert und geschärft. Vor allem aber wirkte sich das Himmelsraumempfinden in einer Art innerer Sammlung aus, die wie ich später noch vom Himmelsläufer lernen sollte, eine Voraussetzung dafür war, segnende Kräfte aufzunehmen, sie zu halten und sie dann an die Erde weiterzuleiten.

So oft ich konnte, gab ich in die Berührung meiner Füße mit dem Erdboden etwas sanft Berührendes hinein, so als sei jeder einzelne Schritt eine Art Liebkosung der Erde. Gleichzeitig war ich sehr bemüht, achtsam wahrzunehmen, wie sich der Boden unter meinen Füßen anfühlte. So oft ich konnte, zog ich die Schuhe aus, um jede Kleinigkeit des Erdbodens unter mir zu spüren. Auf diese Art übte ich eine ganze Woche lang. Aber so sehr ich mich auch bemühte, das Lied der Erde konnte ich nicht hören und auch nicht fühlen.

Schlimmer noch, ich verlor nach und nach einen großen Teil meines Himmels-Raum-Gewahrseins. Denn wenn ich mich in der beschriebenen liebevollen Art der Erde zuwandte, wenn ich versuchte, jeden Stein zu spüren und jeden einzelnen Schritt langsam und bewusst auszuführen, verblasste das Himmelsraumgefühl immer mehr.

Lediglich die Momente, wo es mir gelang, Mutter Erde liebevoll zu berühren, gaben mir insofern Trost, dass mich jedes Mal nach kurzer Zeit eine Art von Fülle - Gefühl im Herzen erfüllte, und ich die Empfindung hatte, von etwas Energievollem durchdrungen zu werden.

Anfänglich strömte diese Kraft lediglich durch die Beine, aber mit der Zeit stieg die Empfindung immer weiter nach oben, bis schließlich der ganze Körper davon durchdrungen war. Es war auch mehr als nur eine Art strömender Energieempfindung, es war auch eine Art von erfüllender Berührung, die mein Herz empfand.

Leider hielt dieses Gefühl immer nur für kurze Zeit an, und so glaubte ich selbst nach einer ganzen weiteren Woche des Übens, keinen Schritt weitergekommen zu sein. Ich ging also enttäuscht und frustriert in den Stadtpark, um den Himmelsläufer zu treffen. Stundenlang ging ich hin und her und suchte nach ihm. Aber er war nirgendwo zu sehen, und je mehr mein Bedürfnis, ihm zu begegnen, wuchs, desto weniger fühlte ich den Himmel und die Erde.

Schließlich hatte ich die Empfindung, alles irgendwie verloren zu haben und wieder ganz am Anfang zu sein. Vier Wochen intensiven Übens, und was war jetzt geblieben? Nichts! Vielleicht waren ja die ganzen Ideen des Himmelsläufers Blödsinn und nur die Marotte eines Fremden, dem ich irgendwie auf den Leim gegangen war.

Gefühle der Enttäuschung und der Frustration durchfluteten mich so stark, wie ich es seit sehr langem nicht mehr erlebt hatte. Und ich hatte den Impuls, fast so eine Art Trotzanfall zu bekommen, wie ich ihn als kleines Kind öfter mal erlebt hatte.

Ich ließ mich auf die Wiese niedersinken und sprach all meine Enttäuschung in die Erde hinein. Die Gefühle des Getrenntseins von Allem – vor allem von Mutter Erde – waren so intensiv, dass mir die Tränen liefen.

Ich legte beide Hände auf die Erde und sprach zu Mutter Erde, nein, eigentlich schrie ich.

Wenn auch nicht mit meiner Stimme, rief ich doch mit meinem Herzen nach ihr. Ich schrie nach meiner Mutter, ich rief nach Mutter Erde.

Welle um Welle der Energie floss aus meinem Körper, meinem Gemüt und meinem Geist in die Erde hinein. Schließlich aber wurde ich wieder ganz still. Minuten vergingen, und etwas sehr Sanftes begann mich wie ein Kokon von allen Seiten einzuhüllen, auch innerlich, überall.

Etwas Sanftes, Tragendes, etwas Nährendes und Schützendes zugleich. Und als ob ich nicht kurze Zeit vorher in tiefer Verzweiflung gewesen wäre, erfüllten mich jetzt Stille und Zufriedenheit, sowie das Gefühl, vollkommen angenommen zu sein. In meinem Herzen hörte ich eine Stimme, die ich eigentlich nicht hörte, nicht so wie wir mit den Ohren hören, und doch war sie da.

Es war nicht die Stimme meiner Gedanken, meines eigenen inneren Dialogs, es war etwas anderes.

Es war Mutter Erde, und sie sprach zu mir Worte des Willkommens und Worte der Liebe, die viel mehr waren als nur Worte. Es waren Worte, die eins waren mit ihrer Bedeutung. Das heißt, ich fühlte und erlebte sie im gleichen Moment, wie ich sie hörte. Wort, Gefühl und Erleben waren eins. Es entstand eine Nähe zu Mutter Erde, die von mir nicht nur gefühlsmäßig empfunden wurde, diese Nähe war wirklich existentiell und überwältigend intensiv.

Mit einem Mal verstand ich die ganze Tragik des Getrenntseins von Mensch und Erde, das innere Getrenntsein vom Leben selbst. Nachdem diese trennende Wand im Bewusstsein, die wir Menschen uns aufgebaut hatten, einmal eingerissen war, wusste ich von innen her, was geschehen war und wie diese Trennung entstanden war.

Ich erinnerte mich an die Worte des Himmelsläufers über das Kind, welches von den Eltern und den Menschen seiner Umgebung eine Beschreibung der Welt bekommt.

Ich verstand, dass es diese Beschreibung gewesen war, die auch mich von Mutter Erde und vom Leben selbst getrennt hatte. All die Ideen und Bilder, all die Namen und Begriffe die dem kindlichen Geist gegeben werden, um ihm die Welt zu erklären, werden zu Vorstellungen.

Es sind diese Vorstellungen, die sich zwischen die direkte Erfahrung der Existenz und den wahrnehmenden Geist des Menschen schieben. Als dieser Schleier der Trennung von Mutter Erde nun durchbrochen war, sei es durch meine starken Gefühle, oder durch die Gnade von Mutter Erde, erinnerte ich mich genau, dass ich mit zwei oder drei Jahren noch gewusst, ja erlebt hatte, mit der Erde und mit allen Geschöpfen verbunden zu sein. Dass ich eins gewesen war mit den Bäumen und mit der ganzen Welt.

Ich verstand, dass all meine kindlichen Fragen nach dem Was, nach dem Warum und dem Wieso mir zwar Antworten gegeben hatten, Namen, die ich lernte, Begriffe ,die ich speicherte, Erklärungen für die Welt, was sie ist und wie sie funktioniert. Jedoch im gleichen Moment hatten sich die Namen und Begriffe, hatten sich die Erklärungen, zwischen mich und die Welt geschoben und mir ihren Zauber genommen, sie hatten mich von ihr getrennt.

Der Baum, der dem Kind noch als leuchtendes geheimnisvolles Wesen erscheint, er bekommt einen Namen, er wird zu einem Begriff, und das Wunder verblasst.
Nun jedoch war der Schleier der Trennung endlich wieder durchbrochen. Der Baum mir gegenüber war nicht mehr einfach nur die schöne Eiche, über die ich so viel gehört hatte, es war wieder der leuchtende Baum, das Wunder ohne Namen, das, was mit mir spricht, das, was Eins ist mit mir.

Das Maß an Glück, was mir in diesem Moment zu Teil wurde, war unbeschreiblich. Die Welt um mich herum und auch in mir leuchtete wieder. Sie war jetzt von einer Art Sinn erfüllt, die ich nur als die Liebe Gottes in seiner Schöpfung beschreiben kann.

Ich war zurückgekehrt, zu Mutter Erde, die die ganze Zeit da gewesen ist. Nur mein eigenes Bewusstsein, es war getrübt worden und hatte Mutter Erde nicht mehr wahrgenommen. Ich hatte als Kind das Wissen über die Welt bekommen, und doch die Welt dabei verloren.

Ich hatte Beschreibungen und Vorstellungen bekommen, die sich im wahrsten Sinne des Wortes davorgestellt haben. Dazwischen- und davorgestellt, vor die eigentliche und direkte Begegnung mit Mutter Erde.

So wie ich vor Wochen neu lernen musste zu laufen, so hatte ich jetzt erst zurückkehren müssen in die Gefühlswelt des kleinen dreijährigen Kindes.

Ich war nochmal zurückgekehrt, in den Trotz, die Wut und in die Enttäuschung, um schließlich die ursprüngliche Trennung von der Welt, von Mutter Erde zu durchbrechen und den Schleier der Trennung zu zerreißen.

Nun war mir plötzlich ganz klar, das Gleiche, was mich vom Leben selbst abgetrennt hatte, war auch fast allen anderen Menschen auf der Welt widerfahren. Auch sie waren die ganze Zeit über abgetrennt vom Leben, obwohl sie davon genährt wurden. Genau das ist wohl das Verstoßenwerden des Menschen aus dem Paradies. Das ist die verbotene Frucht vom Baum der Erkenntnis.

Alles schien plötzlich eindeutig und klar zu sein. Von dieser Frucht des Wissens darf der Mensch nur kosten, wenn er in seinem Bewusstsein wirklich eins ist mit dem Baum des Lebens. Sonst fällt er der inneren Trennung anheim und verliert das Paradies, er verliert den Zustand der Einheit mit dem Sein. Mir wurde klar, dass der Mensch aus diesem Zustand der Trennung heraus die Erde zerstört, die Natur ausbeutet und das Leben als solches nicht mehr ehren kann.

Gleichzeitig wurde mir auch bewusst, dass all die romantischen Vorstellungen die wir oft von Mutter Erde haben, dass all die halbherzigen Versuche, die Umwelt zu schützen, nicht tiefgreifend genug sein können. Sondern dass wir zuerst den Zustand der Trennung von Mutter Erde in unserem eigenen Bewusstsein auflösen müssen. Dass die Menschen den Schleier zerreißen müssen, genau den Schleier, der gerade eben bei mir selbst durch den inneren Gefühlssturm und die tröstende Antwort von Mutter Erde durchsichtiger geworden war.

Das Leuchten in Allem um mich herum blieb mir noch stundenlang erhalten. Es hat in mir bis zum heutigen Tag zu einer ganz neuen Qualität der Wahrnehmung geführt. Die Stimme von Mutter Erde selbst, sie ist mir nie wieder abhandengekommen, und ich vermag sie zu jeder Zeit zu hören.

Als ich vom Park in Richtung meiner Wohnung lief, da empfand ich zum ersten Mal, was es wohl wirklich bedeuten könnte, ein Himmelsläufer zu sein. Tiefe Bewusstheit erfüllte jeden meiner Schritte, aber das Schönste war das Gefühl in meinem Herzen selbst.

Himmel und Erde waren nun verbunden in mir. Ich hatte etwas wiedergefunden, was ich nur als wirkliche und gefühlsmäßige Verbundenheit bezeichnen kann.

Die Zeit anhalten

Es war der Himmelsläufer selbst, der mich diesmal fand. Er begegnete mir mitten auf der Straße, und wäre ich wie früher in meinen Gedanken versunken gewesen, hätte ich wohl nicht bemerkt, wie er fast unmerklich an meine Seite getreten war. Lächelnd fragte er mich, *„wollen wir ein Stück des Weges gemeinsam gehen?"* Nun waren mir seine Begrüßungsworte fast schon vertraut, und auch ich selbst begann zu lächeln.

„Ich sehe, die Mutter nährt dich wieder" sagte er, *„das ist ein gutes Zeichen." „Was meinen Sie mit nähren,"* fragte ich ihn. *„Nun, sie hat ihr Licht um dich herum erneuert. Dieses Licht ist so etwas wie eine Placenta, und auf diesem Weg nährt sie dich ganz direkt."*
Einem Teil von mir waren seine Worte irgendwie peinlich, aber ich ließ mir nichts davon anmerken.
Er aber fuhr fort, „wenn sie dich lange genug genährt hat, gebärt sie dich vielleicht eines Tages als Himmelsläufer, eines Tages vielleicht."

In mir regte sich jetzt ein leichter fast unmerklicher Unmut. Schließlich hatte ich in den letzten Wochen so beeindruckende innere Erfahrungen gemacht und auch alle Übungen sehr intensiv praktiziert. Ich konnte den Himmel wirklich unter meinen Füssen spüren und hatte zusätzlich lang andauernde Empfindungen vom Gefühl des Himmelsraumes um mich herum.

Bei den einzelnen Schritten auf Mutter Erde war ich achtsam und bedacht. Ich fühlte meine Schritte auf Mutter Erde oft wie eine Liebkosung, und ich hörte ihre Stimme in meinem Herzen und fühlte Momente des Eins seins und…

Als hätte er meine Gedanken wahrgenommen, blieb er plötzlich stehen, blickte mich lange und eindringlich an und sagte mit leiser Stimme, *„es gibt so wenige Himmelsläufer, weil die wenigsten genug Geduld dazu haben. Du bist ein paar Schritte gegangen, hast etwas Laufen gelernt, nun können wir langsam beginnen, gemeinsam zu gehen."*

Noch bevor ich ihn etwas fragen konnte, setzte er sich plötzlich mitten auf den Bürgersteig. *„Wer laufen will, muss sitzen lernen, wer sitzen kann muss stehen lernen, und immer muss der Himmel mit ihm sein.*

Wenn du sitzt, so beende alle Bewegung, besonders die im Geiste. Wenn du stehst, sei tief verwurzelt, und sammle die Ewigkeit an einem Fleck. Sei nicht Wanderer im Geiste, der durch Zukünftiges schweift, was noch nicht ist, oder der durch Vergangenes streift, in dem, was einstmals wohl war. Sammle ein die Zeit, und beginne, die Welt in dir anzuhalten.

Hast du die Welt in dir angehalten, so sammelt sich der Strom der Ewigkeit in deiner Mitte, und du beginnst ein Segen zu sein, für den Augenblick, in dem du gerade weilst."

So wie er die Worte zu mir sprach, veränderte er im gleichen Moment meine Wahrnehmung, und wir befanden uns wie in einer Blase außerhalb der Zeit.

In mir schien alles irgendwie angehalten zu sein, und ein unbeschreiblicher Raum der Stille breitete sich aus in mir.

Um uns herum bewegte sich die Welt, die Menschen gingen an uns vorbei und schauten verwundert auf die zwei Männer, die da mitten auf dem Bürgersteig saßen.

Ich weiß nicht, wie lange wir so saßen, ob es Augenblicke waren oder Stunden. Die Welt in mir war angehalten, und ich erlebte zum ersten Mal, was die alten Meisterinnen und Meister meinten, wenn sie vom Raum der absoluten Stille in uns sprachen.

Hatte der Fluss der Aufmerksamkeit in mir vorher den äußeren Dingen und meinen Gedanken gegolten, so war dieser Fluss nun in seiner Richtung umgekehrt. In mir war es so still, dass alles auf mich zuzufließen begann. Die Energie des Universums schien sich mehr und mehr in mir zu sammeln.

Da war Stille, die zu Frieden wurde und Seinsfülle, die zu Segen wurde. Ja, ich wusste plötzlich, dass wirklicher Segen nur aus der Verbindung mit dieser Fülle fließen kann.

So unvermittelt wie der Himmelsläufer sich hingesetzt hatte, stand er auch wieder auf, und ich mit ihm.

Die Stille und die Klarheit in mir hielten weiter an, und im Stehen fühlte ich mich wie in einer Lichtsäule, tief verwurzelt in Himmel und Erde.

Es war mir ein wenig unheimlich zumute, dass es einem anderen Menschen möglich war, mich von einem auf den anderen Moment in einen derart intensiven Bewußtseinszustand zu versetzen.

Der Himmelsläufer ließ sich jedoch nichts anmerken. Langsam setzten wir unseren Weg fort, wir gelangten in die Nähe meines Zuhauses und ich beschloss, den Himmelsläufer zu mir nach Hause einzuladen.

„Wenn ich Sie auf eine Tasse Tee einladen darf, ich wohne gleich dort drüben."

Mit der Hand wies ich auf das alte Mietshaus, in dem ich im obersten Stockwerk eine Wohnung angemietet hatte.

Der Himmelsläufer hielt inne, und antwortete mir mit seinem typischen Lächeln, *„danke, sehr nett, aber ich trinke nur Wasser. Wasser ist* *das Einzige, zu dem es mich ruft, wenn ich durstig bin. Ich würde jetzt lieber unter die Bäume gehen und unseren gemeinsamen Weg fortsetzen."*

Mutter Erde liebkosen

Wir liefen langsam weiter, und mir kam es so vor, als würde ich durch einen geleeartigen Widerstand laufen. Ich führte es auf die große Energiemenge zurück, die mich durchpulste, seit der Himmelsläufer irgendwie die Zeit angehalten hatte.

Er schien meine Unsicherheit zu bemerken und lief noch langsamer als vorher. Schließlich forderte er mich auf, die Erde beim Laufen zu liebkosen.

Als ich die Aufmerksamkeit zurück auf die Erde lenkte und meine Liebe zu ihr fühlte, wurde das Gefühl des geleeartigen Widerstands beim Laufen nach und nach geringer. Gleichzeitig bemerkte ich, wie ungeheuer viel Energie durch meinen Körper in die Erde geleitet wurde. Der Himmelsläufer lächelte erneut.

„Die Liebe macht es zu einem Geben, die Liebe macht es zu einem Segen. Frage die Erde, was sie braucht, und frage den Himmel, was er durch dich hindurch geben möchte.
Du bist gerade Brücke zwischen Himmel und Erde, lass den Segen fließen, und halte den Himmel unter deinen Füßen."

Als ich diese Fragen innerlich in meinem Herzensgeist wiederholte, veränderte sich langsam die Qualität des Energiestroms, der mich durchfloss. Er wurde subtiler und sanfter, so als ob die Erde durch mich genau die Frequenz des Segens abrief, die meiner innersten Natur und meinem Vermögen zu geben entsprach.

Still schritten wir so lange Zeit dahin, mein Erleben und mein Empfinden des Segensstroms hielten unvermindert an.

Schließlich im Park angekommen, setzten wir uns unter einen hohen Baum, wo der Himmelsläufer erneut zu sprechen begann.

„Der Mensch ist als Hüter gedacht hier auf Erden. Als ein Hüter alles Lebendigen und als Brücke, zwischen Himmel und Erde.

Die Seele des Menschen, sie kommt aus den Sphären der Engel, aber bei den meisten Menschen schläft sie sozusagen und träumt einen Traum des Vergessens. Doch sie kann wieder erweckt werden und ihre ursprüngliche Bestimmung wiederfinden.

Wenn es dir gelingt, zu sitzen, zu stehen und zu gehen, so wie ich es dir vorhin gezeigt habe, dann bist du bereit, den Segen des Himmels und der Erde zu empfangen. Dann pflanzt du den Segen des Himmels in die Erde, und als Dank empfängst du ihre Frucht. Diese Frucht ist eine ganz besondere Gabe, wir nennen sie Himmelsgabe, und du gibst sie dann hinein in den himmlischen

Raum. So wird der Kreislauf des Segens geschlossen, und der Strom alles Lebendigen wird genährt. Im Empfangen gibst du, und im Geben empfängst du. Wer so auf Erden wandelt, der wird Himmelsläufer genannt."

Helfer und Verbündete

Es wurde ganz still in mir und um mich herum, und ich ließ die Worte des Himmelsläufers in mir wirken. Wieder konnte ich die Worte nicht nur hören, sondern fühlte gleichzeitig ihre Wirkungskraft in mir, sie waren in zeitloser Wahrheit gegründet.

Er fuhr weiter fort: *„Du brauchst Helfer auf deinem Weg, denn kein Himmelsläufer geht seinen Weg alleine, er braucht Helfer."*
Ich blickte ihn fragend an, *„was meinen Sie mit Helfern?"* *„Nun der Baum, unter dem wir gerade sitzen, er könnte dein Helfer werden."* *„Der Baum?"* *„Ja der Baum, ich selbst habe viele Baumfreunde und Helfer. Wer könnte dich besser*

lehren zu stehen und zu verweilen, wenn nicht der Baum. Er ist dein Bruder im Strom des Lebens, er ist unser aller Bruder, schon immer.

In der alten Zeit wandelten die Menschen im Einklang mit den Bäumen und lebten mit ihren Baumbrüdern im Austausch von Kraft.

Die Bäume lehrten sie, Brücke zu sein, zwischen Himmel und Erde. Sie nähren uns mit ihren Früchten, ja sie sind das Kleid von Mutter Erde, ihr großes Geschenk an uns alle.

Wenn du Mutter Erde bittest wird sie dich zu den Bäumen führen, die deine Helfer sein können, deine Verbündeten. Vertraue ihr, denn du brauchst die Bäume und genauso auch die Engel. Die Engel werden dich lehren, den Segen zu empfangen und dir helfen, ein heiliges Gefäß zu sein,

Die Engel können dich alles lehren, worauf es für einen Himmelsläufer ankommt. Auch sie werden deine Helfer sein, wenn du sie bittest, und dir Wege weisen, die voll des Segens sind. Zuerst lerne die Engel der Erde kennen, und danach die des Himmels, jene, die den kosmischen Raum durchwirken.

Beginne, indem du die Früchte der Erde und der Bäume isst, und all das meidest, was an Nahrung vom Menschen zu sehr verändert wurde. Iss die reinen Früchte der Bäume und der Felder, so hat Mutter Erde es viel leichter, dich zu durchdringen und sich dir zu offenbaren."

Unvermittelt griff er in seinen Rucksack und gab mir einen großen roten Apfel. Nochmals berührte mich dann etwas ganz tief in mir, so wie vorher schon, als der Himmelsläufer die Zeit angehalten hatte. Ich nahm die Frucht mit einer inneren Haltung von Ehrfurcht und Dankbarkeit entgegen. Ich nahm sie so entgegen, wie ich noch nie vorher etwas in meinem Leben empfangen hatte.

Der Apfel offenbarte mir eine so große Köstlichkeit, dass es mir erschien, ich sei ein Verdurstender, der nun endlich nach ewig langer Zeit einen Schluck Wasser bekommt. Ich weiß, das alles hört sich sehr merkwürdig an, hatte ich mich doch zu keinem Zeitpunkt bewusst entschieden, diesem Apfel etwas Besonderes zuzumessen.

Es war ja schließlich nur ein Apfel, genauso, wie schon viele Äpfel zuvor in meinem Leben.

War es Mutter Erde selbst, oder war es der Himmelsläufer, ich kann es bis heute nicht genau sagen, aber mir sollte wohl in diesem Augenblick gezeigt werden, was genau es heißt, die Frucht der Erde zu empfangen und von ihrer Fülle wirklich zu kosten.

Wie gesagt, der Apfel war köstlich und hatte eine ungewohnte Frische, die mich sogleich wacher werden ließ. Meine Sinne waren so geschärft, dass sie jede Einzelheit im Geschmack und in der Beschaffenheit des Apfels tief in sich aufnahmen.

Ich kann wohl sagen, seit jenem Tag esse ich anders. Aus flacher Gewohnheit, nur unterbrochen von kurzen Momenten des Genusses, ist eine sinnlich sehr bewusste und vor allem im Dank empfangende Art des Essens geworden.

Der Himmelsläufer lächelte mich an, und wahre Freude blitzte aus seinen Augen hervor.

Ich hatte etwas begriffen und verstanden. Ja, ich hatte etwas wirklich Wertvolles gewonnen. Mit klaren Worten sprach er direkt zu meiner Seele.

„Der Mensch kann die Frucht der Erde in eine Himmelsgabe verwandeln, wenn er sie in tiefer und wahrer Dankbarkeit empfängt. Dann verwandelt sie sich in ihm in Lebendigkeit.

Der Dank und die Freude ihrerseits, sie steigen empor und nähren den Himmel selbst. So entsteht ein heiliger Kreislauf, in dem der Mensch einen Teil seiner ursprünglichen Bestimmung erfüllt.

Der Dank gebiert die Fülle und die Fülle gebiert den Dank. Auch das ist der Weg des Himmelsläufers.

Einst waren die Frauen die Hüterinnen der Frucht. Sie wussten zu empfangen und zu nähren. Viele wissen es bis heute tief in ihren Herzen, was es heißt, eine Frucht in etwas Heiliges zu verwandeln.

Solche Art von Frucht, sie nährt uns ganz anders, sie nährt nicht nur den Leib allein, sondern ebenso auch den Geist. Dies ist das so wichtige Geheimnis, wie wir etwas heiligen.

Komm morgen wieder, noch vor Sonnenaufgang, und ich will dir etwas vom Weg der Engel zeigen."

Mit diesen Worten verabschiedete er sich von mir und schritt davon. Ich selbst blieb noch lange unter dem hohen Baum sitzen und spürte in all das hinein, was mir an diesem Tag gegeben und auch offenbart wurde.

Mutter Erde hatte wirklich zu mir gesprochen, und sie tat es immer noch, ich brauchte nur die Achtsamkeit des Herzens auf sie zu richten, um das zu spüren. Sie hatte mich mit etwas eingehüllt, was mir eine ganz neue Geborgenheit schenkte.

Was für ein aufregender Tag, ich hatte ja auch den zeitlosen Raum betreten, im Sitzen, mitten auf einer Straße, und ich hatte erfahren, was es heißt, die Frucht der Erde zu empfangen.

So unglaublich viele Erfahrungen und Geschenke an einem einzigen Tag, und schließlich würden diesmal keine Wochen vergehen, bevor ich den Himmelsläufer wieder treffen sollte, sondern nur eine einzige Nacht.

Ich beschloss, Mutter Erde nach einem Baum zu fragen, der mein Freund und mein Verbündeter sein konnte. Aber die Antwort in mir, die ich mehr fühlte als das ich sie hörte, war: *"es ist genug für heute, genug für einen Tag."* So ging ich nach Hause und schlief recht schnell ein, ohne dass ich mich am nächsten Morgen an irgendwelche Träume hätte erinnern können.

Engel

Noch vor Sonnenaufgang, einer für mich eher ungewohnt frühen Zeit, ging ich zurück in den Park. Dort traf ich in der Nähe des Baumes, an dem wir gestern gesessen hatten, auf den Himmelsläufer. Er grüßte mich nicht, sondern blieb ganz im Schweigen, und auch aus mir selbst heraus wollte sich kein Wort formen.

So standen wir eine ganze Weile lang still, bis mir auffiel, dass er ganz langsam im Rhythmus seines Atems begann, seine Hände zu bewegen. Obwohl es nur seine Arme und Hände waren, die der Himmelsläufer bewegte, waren die Bewegungen anmutig und kraftvoll zugleich. Mir kam es so ähnlich vor, wie bei Bewegungen, die ich schon mal beim Chi Gong oder Tai Chi, alten asiatischen Bewegungs- und Meditationsformen, beobachtet hatte.

Ich versuchte es ihm nachzutun und nach einer Weile empfand ich ein wohltuendes Strömen aus Mutter Erde heraus, durch meinen ganzen Leib hindurch. Es dauerte einige Minuten, und ich hatte das Gefühl, als würde die Energie wie bei einer Fontäne über meinen Scheitel hinaus strömen, um dann seitwärts an meinem Körper wieder herab in die Erde zu fließen. Diese Empfindung wurde stärker und stärker, bis ich schließlich genauso wie der Himmelsläufer innehielt und beide Hände auf den Bauch legte.

„Atme die Erde," sagte der Himmelsläufer *„und schenke ihre Kraft dem Himmel. Dann lass den Segen des Himmels durch dich hindurch zur Erde strömen. Der frühe Morgen ist hierfür die beste Zeit. Nur wenn der Kreislauf zwischen uns, sowie dem Himmel und der Erde lebendig fließt, kann auch der Engel sich ganz mit uns verbinden. Lass uns nun den Engel der Erde einladen. Wir wollen ihn bitten, uns zu führen."*

Mich erinnerten die Worte vom Kreislauf zwischen Himmel und Erde an die Lektion vom Tag zuvor, als es um die Frucht der Erde ging und um den Dank, der die Frucht heiligt.

Der Himmelsläufer begann, auf eine ganz einfache aber innige Art zu Mutter Erde zu sprechen. Er bat sie, uns ihren Engel zu senden, auf dass wir lernen, wie ein heiliges Gefäß zu sein. Die Art und Weise wie er sprach und vor allem sein Tonfall, berührten mein Herz ganz tief. Nach zwei bis drei Minuten, als sein Gebet beendet war, blickte er mich an und sprach zu mir.

„Wenn du berührbar bist, so bist du auch empfänglich. Wenn du empfänglich bist, wird der Engel dich neu formen, und du wirst ein Gefäß sein für den Segen des Himmels. Viele Jahre brauchen die Engel, um einen Menschen neu zu formen, doch eine Art von Gefäß ist er vom ersten Augenblick der Begegnung an."

Er hob seine Hände wie zu einer Schale und sprach erneut im Gebet:

„Oh Engel der Erde, der du bist in mir und in allem um mich herum, gewähre uns die Gnade, eins zu sein mit deinem Wirken hier in Mutter Erde. Lehre uns die heiligen Wege und forme uns, auf dass wir würdig sind, den Segen des Himmels zu empfangen."

Bei diesen Worten wurde es ganz still in mir. Innerlich fühlte ich mich ganz weit, so weit, dass ich die Grenzen meines Körpers nicht mehr spüren konnte. Es war wie ein Bewusstseinssprung in einen Raum ohne Grenzen, in dem ich ganz ohne Worte des Engels Wirken im mir verstand. Der Himmelsläufer zeigte mir, was es heißt ein Gefäß zu sein, in eines Engels Gegenwart.

Weit über das normale menschliche Maß hinaus, empfing ich eine Art geistiges Licht, und zeitgleich ging im selben Augenblick die Sonne auf.

Ihre Strahlen trafen auf die etwas erhöhte Stelle im Park, auf der wir standen. So erfuhr ich nicht nur den besonderen Moment eines Sonnenaufgangs, sondern gleichzeitig, das noch viel intensivere geistige Licht, welches der Engel mich erfahren ließ. Es war ein Licht von unbeschreiblicher Gnade, die mich durchdrang, und die gleichzeitig stattfindende äußere Berührung durch die ersten Strahlen der Sonne war wie eine Bestätigung des Durch-lichtet-seins. Innen und außen waren in der Berührung durch den Engel vollkommen eins. Es gab keine Frage in mir und keinen Zweifel, nur ein Berührtsein und Freude, sowie eine Art innere seelische Erhebung. Wieder sprach der Himmelsläufer ein Gebet.

„Ich grüße dich, oh Engel der Sonne, der du den Segen des Lichtes vergießt. Lehre auch du uns, des Einen Licht zu empfangen und ein Segen zu sein für alles, was da ist."

Nach diesem Gebet fühlte ich, wie in der Weite des Gefäßseins der himmlische Segen mich durchströmte und durch mich hindurch zu Mutter Erde weiterfloß.

Er floss nicht direkt in die Erde unter meinem Körper, sondern verströmte sich eher weit, einhüllend und nährend, um die ganze Erde herum.

Später erklärte mir der Himmelsläufer, *„auch die Erde selbst hat eine Mutter, das ist die kosmische Mutter, doch in ihr sind sozusagen Mutter und Vater wie eins.“*

Diese Vorstellung half mir, die Worte des nächsten Gebetes besser und tiefer zu verstehen. *„Alleiner Gott, der Du uns Mutter und Vater bist zugleich, Alleiner, laß uns in Deinem Segen sein.“*

Der Himmelsläufer ließ nun langsam wieder die Hände sinken, beugte sich nach vorne, hinab zur Erde und legte beide Hände mit den Handflächen nach unten auf die Erde. Schließlich kniete er sich hin und legte auch die Stirn auf die Erde.

„Die Fülle des Segens ist manchmal zu stark für unseren physischen Körper, vor allem am Anfang des Weges.

So gib jetzt alles, was du empfangen hast, hinein in die Erde, denn es war ja für die Erde bestimmt. Sie selbst wird deinen Leib mit dem rechten Anteil davon stärken."

Nach einigen Momenten der Stille fragte ich den Himmelsläufer: *„Worin liegt denn der Unterschied, zwischen Mutter Erde und dem Engel der Erde?"*

„Es gibt da keinen Unterschied, nicht wirklich. Im Engel der Erde begegnet uns ein Aspekt der Erde, der uns die Erde auf spirituelle Art und Weise erfahren lässt. So wird offenbar, dass Kosmos und Erde in Wahrheit eins sind und dass das Reich der Engel, alles was ist, durchdringt.
Die Natur der Engel ist dem Menschen noch ein Geheimnis. Aber im Engel selbst kann der Mensch sein eigenes zukünftiges Sein und Wirken erfahren. Tritt ein Engel ein in dein Sein, und gibst du ihm Raum zu wirken, so ehrst du den Alleinen, der uns Mutter und Vater ist zugleich. Der Engel ist seines geistigen Wesens wirkende

Kraft und führt uns hinaus, aus dem Unterscheiden, hinein ins Verbinden. Wenn du also nach dem Unterschied fragst, so fragst du am Wesen des Engels vorbei und verfehlst ihn damit.

Die Jahre jedoch, die vor dir liegen, werden dich, so du wirklich mit den Engeln wandelst, verstehen lassen, warum Engel und Mensch wie Eins und dennoch unterscheidbar sind. Du wirst erfahren und verstehen, wie die Wege der Engel und die Wege der Menschen seit Anbeginn miteinander verwoben sind.

Trink jetzt die ersten Strahlen der Sonne mit deinen Augen, auf dass dich der Engel der Sonne erfüllt. Die Strahlen des ersten Lichtes am Morgen sind von großem Nutzen für uns Menschen. Mild sind sie und doch nahrhaft zugleich.

Mit den Strahlen der Sonne fließt viel mehr zu uns, als du bis jetzt weißt. Die Sonne birgt in sich sehr hohe Geist- und Gedankenformen, die uns weit über das herkömmliche Wissen hinaus, in klare Erkenntnis führen können. Erkenntnisse auch, über das Wesen des Lichtes und über das Wirken des Geistes.

All das strömt uns zu, in den Strahlen der Sonne, und der Morgen des Tages ist die beste Zeit, diesen Erkenntnisgeist zu empfangen."

Nachdem wir einige Minuten die Strahlen der noch immer tief stehenden Sonne mit den Augen getrunken hatten, wandten wir uns zu einem nahen Bach, der munter plätschernd, den östlichen Teil des Parks durchfloss. Noch immer war außer uns beiden keine Menschenseele zu sehen, nur der Bach, die Vögel und unsere eigenen leisen Schritte waren zu hören.

„Die Stimme der Erde, du hörst sie ja schon," begann der Himmelsläufer erneut, *„aber ihr Lied zu hören, ist etwas ganz anderes. Der Engel des Wassers, ich denke, er könnte dir helfen, das heilige Lied von Mutter Erde zu hören.*

Der Engel des Wassers

Als erstes, setz dich zum Engel des Wassers, und aus deiner Herzensmitte heraus bitte den Engel, dich zu berühren, auf dass sein Segen bei dir sei. Dann höre dem Lied des Wassers zu, es kennt so manche Strophe aus dem großen Lied der Erde. Lass dich einfach führen."

So rief ich im Gebet den Engel des Wassers, aber ich spürte danach, ganz im Gegensatz zu vorhin, wo der Engel der Erde in meinem Erleben so kraftvoll und eindrücklich gewesen war, eigentlich gar nichts Besonderes.

Der Himmelsläufer hatte sich in einiger Entfernung, auf einem Stein am Wasser niedergelassen, und so tat ich es ihm gleich und setzte mich ans Wasser, um dem Bach zuzuhören. Auch hier wollte ich wohl zu viel, denn außer dem mir vertrauten Geräusch von fließendem Wasser hörte ich nichts Besonderes heraus. Zugegeben, eigentlich klingt das Wasser niemals gleich, sondern man vermeint , vielerlei im Wasser zu hören.

Doch ein Lied der Erde, ich hörte es nicht. Nach einiger Zeit, gab ich es auf und rutschte ein wenig unruhig auf dem Felsen hin und her. Schließlich begab sich der Himmelsläufer an meine Seite, wie immer lächelnd, ja mir schien er fast amüsiert zu sein.

„Einen Engel zu rufen, das vermag jeder, sagte er, aber den Engel zu empfangen, vermag nur das liebende Herz. Wenn du die Liebe nicht hineinlegst, in dein Rufen und in dein Gebet, wirst du den Engel nicht berühren können. Die Liebe in dir ist eine besondere Kraft, und kein Engel vermag ihr zu widerstehen, wenn dein Rufen wirklich vom Herzen kommt.
Lass uns gemeinsam Gebet sein, lass uns den Engel gemeinsam berühren. Aber zuvor bedenke, dass der Engel des Wassers dich schon vor deiner Geburt kannte. Als du noch im Bauch deiner Mutter warst, da bist du auch in ihm gewachsen, denn er ist gegenwärtig im Fruchtwasser jeder Frau, und dort ist er eins mit dem Engel des Lebens. Ja bedenke, zu keiner Zeit ist er von deinem körperlichen Sein getrennt, er fließt und wirkt beständig auch in dir.“

Bei diesen Worten, fühlte ich einen leichten Zweifel in mir, dass in meinen Körperflüssigkeiten irgendein Engel anwesend sein sollte. Aber wieder gelang es dem Himmelsläufer durch die Kraft seiner Worte und die Intensität seines Gebetes, mich aus meinem Zweifel heraus zu heben und in ein direktes inneres Erleben zu führen.

„Engel des Wassers, wir rufen dich, lass deinen Segen mit uns sein. Engel des Wassers, rühre uns an mit deiner Kraft. Wasser des Lebens, wir danken dir. Oh Engel des Wassers durchströme uns.“

So betete der Himmelsläufer lange Zeit, und in meinem Herzen wiederholte ich alle seine Worte. Schließlich öffnete sich mir doch die Tür in meine erste bewusste Erfahrung mit dem Engel des Wassers, und ich wurde von seiner Kraft erfüllt.

In den darauffolgenden Tagen und Wochen lehrte mich der Himmelsläufer, wie ich den Engeln der Erde und auch denen des Himmels begegnen kann.

Ja, er brachte mich in immer wieder in Berührung mit ihren Segenskräften. Diese Engelwesen, sie sind so erhaben und geheimnisvoll, sie haben so gar nichts zu tun mit den kleinen niedlichen Putten – Wesen, als die sie so oft dargestellt werden.

Sie sind ganz anders, voll unendlicher Kraft und Liebe, tief berührend und durchlichtend.

Die Anrede in der Bibel vom Engel an den Menschen, *„Mensch, fürchte Dich nicht"*, erschien mir nun in einem ganz anderen Licht.

Erhaben erschien mir ein jeder der Engel, und nur durch wirkliche Liebe in meinem Herzen und mit Hilfe des Himmelsläufers war es mir möglich, diese ungeheuren Kräfte in segensreiche Bahnen zu lenken.

Mit seiner Anleitung wurde mir schnell bewusst, dass es nicht darum ging, etwas über Engel zu lernen, sondern vom Engel selbst.

Baumbrüder

Der Kontakt zu den Bäumen war in dieser Zeit ein wunderbarer Ausgleich und eine Ergänzung zu den intensiven Engelerfahrungen. Ihre Wurzelkraft war im wahrsten Sinne des Wortes unterstützend, all die Engelerfahrungen zu integrieren und in mir auszubalancieren. So möchte ich an dieser Stelle davon berichten, wie ich meinen ersten Baumverbündeten gefunden habe, oder genauer gesagt, er mich.

Schon seit meiner Kindheit liebe ich die Bäume, und es hätte keiner besonderen Erklärung bedurft, mir die Idee der Freundschaft mit einem Baum nahezubringen. Was jedoch ein Baumverbündeter ist, wusste ich damals noch nicht.

Mitten in den Unterweisungen in die verschiedenen Engelkräfte, forderte der Himmelsläufer mich auf, Mutter Erde zu bitten, mir einen Baumverbündeten zu zeigen.

Erst später erläuterte er mir, dass ein Zuviel an Kontakt mit Engelkräften, in so kurzer Ausbildungszeit wie der meinen, den Körper an die Grenze seiner Belastbarkeit gebracht hatte. Ja, dass ich ohne einen guten Baumverbündeten unmöglich hätte weitermachen können, ohne Schaden zu nehmen.

Das Finden eines Verbündeten ist eine sehr persönliche Angelegenheit, erklärte er mir, und dabei wäre seine Anwesenheit eher hinderlich.

Ich erinnerte mich daraufhin an einige Bücher, die ich in meiner Jugend über indianische Zauberer gelesen hatte. Auch sie hatten von verbündeten Geistern oder Ähnlichem gesprochen, und mich überkam ein etwas mulmiges Gefühl.

Als hätte er meine Bedenken gespürt, sagte der Himmelsläufer zu mir: *„Es ist auch hier einfach eine Sache des Herzens und der inneren Absicht. Hab Vertrauen und frage einfach Mutter Erde."*

Nachdem ich danach einige Zeit im Park umhergelaufen war, konzentrierte ich mich auf mein Herz, spürte meine Liebe zu Mutter Erde und fragte in Mutter Erde hinein, ob sie mich zu einem Baumverbündeten führen würde.

Leider konnte ich keine Antwort vernehmen oder irgendetwas spüren, nur ihre liebevolle Präsenz war da. Ich war mir sicher, dass sie meine Bitte und Frage empfangen hatte, und so lief ich noch eine ganze Weile so weiter, aber nichts Besonderes geschah.

Schließlich suchte ich mir selbst einen großen alleinstehenden Baum und setzte mich darunter.

Es war eine prächtige Eiche, die ich nun auch mit meinen Händen berührte. Ich spürte ihre Kraft und ließ eine Welle von liebevoller Energie zum Baum fließen.

Ich stellte ihm innerlich die Frage, ob er mein Baumverbündeter sein wollte, aber auch hier empfing ich keinerlei wirkliche Antwort, ja eigentlich reagierte der Baum gar nicht auf mich.

Inzwischen konnte ich schon ganz gut zwischen einer direkten inneren Antwort, oder dem aus einem inneren Wunschgefühl heraus selbst erzeugten Antwortgefühl unterscheiden.

Der Baum war mir zugetan, das glaubte ich zu spüren, aber eine wirkliche Antwort empfing ich nicht. Ich fühlte mich von all den vorangegangenen Ereignissen etwas erschöpft, streckte mich einfach unter dem Baum lang und schloss die Augen.

Ich muss wohl eingeschlafen sein, doch als ich erwachte, hatte ich ein Traumbild klar vor meinem inneren Auge. Ich sah in diesem Bild die alte Birke, die ich als Kind so sehr geliebt hatte, direkt vor mir. Ja, da war so etwas wie ein Nachklang aus dem Traum in mir, ein Gefühl der Gewissheit, als hätte die Birke zu mir gesprochen.

Ein Schwall von Erinnerungen durchflutete mich nun ganz unerwartet. Die Birke stand nahe dem früheren Haus meiner Eltern auf einer kleinen Wiese. Schon als kleines Kind hatte meine Mutter mich zum Schlafen oft im Kinderwagen unter diesen Baum gestellt.

Auch als Kind spielte ich dann immer wieder unter der Birke und auf der kleinen Wiese. Dieser Baum war für mich wirklich ein Ort der Geborgenheit, ich fühlte mich unter ihm vollkommen sicher. Das Traumbild von der Birke und die darauf folgenden Gefühle waren für mich ein ganz klarer Hinweis, dass dieser Baum nicht nur ein Baumfreund aus meinen Kindertagen war, sondern vielleicht mein Baumverbündeter sein könnte.

Das Geschenk

Als ich bei unserem nächsten Zusammentreffen dem Himmelsläufer von meinem Traumerlebnis erzählte, ermunterte er mich, der Birke einen Besuch abzustatten und meinen innigen Kontakt zu ihr zu erneuern. *„Wenn du dich ihr näherst, dann sei sehr achtsam, sie nicht zu stören, denn auch Bäume haben Zeiten, in denen sie träumen. Da sollten wir sie nicht stören, indem wir sie energetisch erwecken.*

Fühle als erstes ihre Aura und bleib an dem Punkt stehen, wo deine eigene Aura und die des Baumes sich berühren. Dort verweile einige Momente und frage den Baum dann im Geiste, ob du willkommen bist. Empfindest du ein Nein oder auch nichts, so ziehe dich behutsam wieder zurück. Empfängst du jedoch ein Ja als Antwort, so begrüße den Baum, indem du den Außenrand der Baumaura mit deinen Handflächen berührst, einige Schritte näher gehst und innerlich weiter zu dem Baum sprichst.

So beginnt der erste Austausch von Kraft und Se-
gen mit dem Baum. Wenn du dann am Baum-
stamm selber anlangst, lege etwas Zärtliches in
deine Berührung.

Die meisten Bäume haben an ihrem Stamm eine
Art Energiewirbel, den wir ganz einfach mit un-
seren Händen erreichen können. Wenn du diesen
Wirbel fühlend findest, so berühre ihn. Lass dich
vom Baum innerlich führen, welche Art und In-
tensität von Austausch an diesem Tag die Richti-
ge ist.
Geben und Nehmen, Empfangen und Schenken,
der Austausch ist hier wichtig, er führt dich bis
in die Botschaft des Baumes.
Wenn der Baum Ja zu dir sagt und einen Aus-
tausch der Kraft gestattet, dann hat er zumeist
auch eine Botschaft für dich.
Wenn du in deinem Herzensgeist mit dem Baum
sprichst, frage ihn, ob er dein Verbündeter im
Segnen der Erde sein möchte. Wenn du nochmals
ein Ja empfindest, dann bitte den Baum, dir sein
Geschenk, seine Gabe zu zeigen.

Es gibt Bäume, die dich vor allem mit vitaler Kraft erfüllen können. Andere heilen oder beruhigen dich. Wieder andere verbinden dich in unterschiedliche Segensräume hinein, so dass du dort selber wirken kannst. Es gibt vielerlei Gaben, mit denen uns die Bäume unterstützen können. Ein Baumverbündeter jedoch will seine Gabe auch auf dich übertragen.

Am Ende solltest auch du dem Baum etwas geben. Lasse ein Geschenk beim Baum.
Besonders wenn der Baum dein Verbündeter sein möchte, ist das wichtig."
„Ein Geschenk?" Fragte ich den Himmelsläufer, „welche Art von Geschenk, wäre denn für einen Baum angemessen?"
„Nun so wie der Baumverbündete sich dir zeigt, z.B. in einem Traum, wird sich dir auch das Geschenk zeigen, welches du ihm geben kannst. Du musst nur achtsam sein auf deinem Weg, denn Geschenke leuchten und Verbündete auch."
Mit diesen Worten verließ mich der Himmelsläufer, und ich beschloss sogleich, die Birke zu besuchen und unsere alte Freundschaft zu erneuern.

Die Birke

Der Weg dauerte fast zwei Stunden und führte mich durch die halbe Stadt. Mir begegnete rein gar nichts, was sich aus meiner Sicht als Geschenk für einen Baum eignen würde. Erst am Stadtrand hatte ich den Impuls, auf einen Feldweg einzubiegen.

Ein Weg der mich zwar nicht zur Birke führen würde, der sich aber irgendwie richtig anfühlte und mich anzog. Es ist recht schwer, dieses Gefühl zu beschreiben, dieses eigentlich unbegründete innere Wissen um die Richtigkeit eines Weges oder einer Entscheidung. Manche Menschen würden es ein Bauchgefühl nennen, mir kam es aber eher wie eine magische Führung aus dem Inneren vor. Ich wurde direkt zu einer kleinen weißen Feder am Wegesrand gelenkt.

Als ich die Feder sah, wusste ich sofort, dass genau diese das richtige, das angemessene Geschenk für die Birke sein würde.

Meine Eltern wohnten schon lange nicht mehr in dem kleinen Haus am Stadtrand, aber die Birke, sie war genau dort, wo sie schon immer gestanden hatte, auf der kleinen von wilden Blumen bewachsenen Wiese. Unerklärlicherweise hatte mich zwischendurch die Angst beschlichen, sie könnte aus irgendeinem Grunde nicht mehr da sein.

Doch die Birke, sie war da, und sie sah ganz malerisch aus, wie eine Hüterin des Ortes stand sie dort und überragte hoch all die kleinen gelben Blumen auf der Wiese, die so einen wunderbaren Farbkontrast zu ihren Blättern und zu ihrer Rinde bildeten.

Ich näherte mich ihr eher zaghaft, ja fast scheu und versuchte spürend herauszufinden, bis wohin ihre Aura ausstrahlt. Meine beiden Arme hatte ich leicht vom Körper weg zu den Seiten hin ausgebreitet, und die offenen Handflächen wiesen zur Birke hin. Etwa zwanzig Meter von der Birke entfernt, spürte ich einen leichten watteartigen Widerstand in meinen Händen. Mir war, als würde ich sozusagen vor einen subtilen energetischen Wand stehen. Ohne Mühe hätte ich weiter auf die Birke zugehen können, aber ich beherzigte den Hinweis des Himmelsläufers und fragte die Birke um Erlaubnis, ihr Energiefeld zu betreten.

Erst geschah gar nichts, aber plötzlich wurde ich von einer Art freudiger Lebendigkeit durchströmt, und ohne weiter nachzudenken oder eine innere Antwort abzuwarten, ging ich näher auf die Birke zu. Ich kam dabei durch mehr als nur eine Schicht ihrer Aura hindurch, und jedes Mal war mir, als würde ich durch eine subtile Energiewand schreiten, die bei mir nicht nur in den Händen, sondern im ganzen Körper spürbar war.

So hielt ich mehrmals inne und versuchte, den Charakter der jeweiligen Auraschicht zu spüren, und schließlich bei der letzten – für mich noch fühlbaren Schicht – konnte ich ganz deutlich einen Geruch wahrnehmen.

Der Duft des Baumes meiner Kindheit berührte mich irgendwo ganz tief Innen, und ich geriet in einen fast zeitlosen Augenblick.

Ein Augenblick, der diesen Moment beinhaltete, aber auch all die vergangenen Momente der Begegnung mit diesem Baum, sowie all die Begegnungsmomente, die wohl noch kommen würden.

Der Baum zog mich hinein in seine Zeit, die so ganz anders ist, als die Zeit der Menschen. Verwurzelt an einem Ort träumt der Baum in den verschiedenen Jahreszeiten, und all die schnellen Wesen, die da an ihm vorbeihasten, sind kaum mehr als flüchtige Momente, die wie Lichtblitze mal hier mal dort im Traum erscheinen und die den Baum meistens nicht wirklich berühren oder ihm begegnen.

Man muss sich schon einlassen auf die Zeit des Baumes, muss selber Wurzel werden, Ast oder Stamm und mit dem Baum selbst in das Lied der Erde hinein hören.

Soviel verstand ich in diesem einen Augenblick, der mich ohne Zeit und ohne Raum ins Baumwesen hinein entrückte. „Das Lied der Erde" ,nun hörte ich es zum ersten Mal ganz bewusst.

Ich hörte es durch den Baum hindurch, denn ich war der Baum. Ich hörte den Rhythmus des Liedes und den Klang, der in allen Wesen der Schöpfung gleichzeitig schwingt, den Strom des Lebens.

„Das Lied der Erde" – es war Licht, und es war Klang, es war Leben und es war Kraft. Ich hörte es mit meinem ganzen Sein und war jenseits der Worte.

So offenbarte sich mir mein alter Baumfreund, die Birke, in ihrer Kraft als Verbündeter, denn sie ließ mich das heilige Lied von Mutter Erde empfinden, und noch heute bin ich voller Dankbarkeit, wenn ich an dieses große Geschenk zurückdenke.

Seitdem habe ich es oftmals wieder gehört, das Lied der Erde und immer, wenn es in mir still ist, kann ich mich erneut dafür öffnen. Dieses Lied, es klingt beständig in unserem Sein, doch es wiederzufinden und auch wirklich zu hören, ist ein unbeschreibliches Erlebnis.

Dankend berührte ich die Birke, ich steckte die kleine weiße Feder an ihren Stamm und segnete den Baum.

Es hört sich vielleicht merkwürdig an, aber in den nächsten Tagen zog es mich nicht mehr in den Park, um dem Himmelsläufer zu begegnen. So viel war geschehen, und ich brauchte für mich Zeit, um es zu verarbeiten. Ja irgendwie hatte ich das Gefühl, ich müsse all das Erfahrene mit meinem ganz normalen Leben in Einklang bringen.
So wichtig diese Erlebnisse der Einweihungen gewesen waren, so wichtig war es, nun eine Brücke zu schaffen, die das Erlebte mit meinem Alltag verbinden konnte.

Als erstes fiel mir auf, dass ich von nun an jeden Morgen zur ersten Dämmerung erwachte. Etwa eine Stunde vor Sonnenaufgang stand ich auf, begrüßte beim Waschen den Engel des Wassers und begann mit den Bewegungen des Körpers und mit den Übungen des Atmens, so wie sie der Himmelsläufer mir gezeigt hatte.

Da ich eigentlich von Natur aus eher ein Langschläfer war, hatte ich den Himmelsläufer in Verdacht, mich jeden Morgen geistig aus der Ferne zu wecken und mich auch sonst innerlich in Vielem zu führen.

Meine Art zu essen wurde anders, nicht nur dass ich von nun an noch mehr darauf achtete, wirklich lebendige Früchte der Erde zu essen – es war vor Allem die Art und Weise, wie ich aß, die ich veränderte.

Im Dank, in der Freude und in Achtsamkeit zu essen, davon hatte ich gehört, aber es war nie Teil meiner Wirklichkeit gewesen – und deshalb ganz neu für mich.

Sternenwege

Ich traf den Himmelsläufer am frühen Morgen noch vor Sonnenaufgang am Rande der Stadt nahe dem Haus meiner Eltern. Es war ein kühler, etwas nebeliger Herbstmorgen und über den Feldern und Wiesen, die man in einiger Entfernung liegen sah, lag der neblige Dunst wie ein helles Kleid ausgebreitet und schien sich leicht auf und ab zu bewegen. Fasziniert schaute ich dieser Bewegung zu, und der Himmelsläufer lächelte sanft, ja fast liebevoll, als er zu mir sprach:

„Du kannst heute im Nebel dem Atemrhythmus von Mutter Erde zuschauen. Versuche im gleichen Rhythmus zu atmen, wie der Nebel sich hebt und senkt und erfahre Einklang."

So standen wir im gleichen Rhythmus atmend eine ganze Weile, und großer Friede breitete sich in mir aus. Die Morgenstille war in mir und eine Vertrautheit mit der großen Mutter zugleich. Wie schön es war und erfüllend im Einklang mit ihr zu atmen, im Einklang mit ihr zu sein.

Ich hatte dem Himmelsläufer von meinem Erlebnis mit der Birke erzählt, und so war ich sehr erfreut, als er sagte:

„Lass uns die Birke besuchen, von der du mir erzählt hast, denn heute brauchst du ihren Segen!"

Seine Worte riefen eine leichte Spannung in mir wach, doch ohne zu zögern führte ich ihn zu dem mir heiligen Baum. In etwa 15 Meter Entfernung zum Baum blieb der Himmelsläufer stehen, deutete eine leichte Verbeugung in Richtung des Baumes an und formte seine Arme und seine Hände zu einer eigenartigen Geste. So verharrte er schweigend eine längere Zeit, bis er sich schließlich wieder mir zuwandte.

„Der Baum ist bereit, dich heute zu empfangen, ich habe ihn um Erlaubnis gefragt und ihn schließlich aufgeweckt. Geh zu ihm, aber berühre ihn aber nicht direkt, sondern finde erst mit deinen Händen seinen Kraftwirbel – er ist recht leicht wahrzunehmen".

Er wies mich an mit der gleichen Geste, mit der er den Baum erweckt hatte, um den Stamm herumzuschreiten und mich führen zu lassen. Es dauerte nur eine kurze Zeit, bis ich an einer bestimmten Stelle vom Baum ausgehend ein kräftiges Ziehen und Pulsieren in meinen Händen spürte. Ohne zu überlegen, wusste ich, dass es sich um einen der Kraftwirbel des Baumes handeln musste und schloss die Augen.

Ich fühlte mich sofort irgendwie in den Baum hineingezogen, aber drinnen war es nicht etwa eng, sondern ich spürte dort eine große Weite.

Ich verstand, dies war die Präsenz des Baumes, und es erstaunte mich, wie weit so ein Baum sich fühlend und behütend in die Landschaft hinein erstreckt.

Wie von weit weg hörte ich die leise Stimme des Himmelsläufers, der mich aufforderte, wieder im Einklang mit Mutter Erde zu atmen. So entstand nach und nach in mir ein Einklang mit dem Baum und gleichzeitig mit Mutter Erde, ja ich wurde gewahr, dass der Baum sich immerzu in diesem Zustand des Einklanges befindet, und ich konnte die Weite der Baumgegenwart mit einem Mal auch in den Wurzeln empfinden, die sich in alle Richtungen verzweigend, ganz der Liebkosung von Mutter Erde hingaben.

„Bitte den Baum, dir die Sternenwege zu zeigen", hörte ich die Stimme des Himmelsläufers, die aber nicht von außen, sondern aus meinem Inneren zu kommen schien. Ohne zu wissen, was der Himmelsläufer meinte, teilte sich die Bitte wohl im gleichen Moment auch dem Baum mit, und in mir öffnete sich ein geistiges Sehen in die ganze Landschaft hinein.

Alles war irgendwie gleichzeitig, das Atmen im Einklang mit Erde und Baum, die Wurzeln, die Äste und die Weite, die ich spürte und ein inneres bildhaftes Wahrnehmen eines Lichtnetzes, das sich über die ganze Landschaft erstreckte, und mit dem Alles, wirklich Alles verbunden war. Jeder Grashalm, jeder kleinste Stein war wie ein Lichtpunkt in diesem Meer der Lichter, die aber alle miteinander verbunden und verwoben waren.

Ich konnte fühlen, wie sie alle vibrierten, und dabei veränderte sich die Lichtintensität in einem bestimmten Rhythmus.

Jedes Lichtfünkchen hatte seinen eigenen Rhythmus, und ich nahm deutlich wahr, dass all die Steine in einem anderen Puls aufleuchteten wie die Gräser oder wie die Bäume. Doch gleichzeitig waren all diese Rhythmen aufeinander abgestimmt. Alles erschien wie eine große Lichtsymphonie, die sich in meinem geistigen Schauen entfaltete, und ich bemerkte die unglaubliche Schönheit des inneren Leuchtens, das von allem Geformten ausging.

Diese Schönheit war so überwältigend und unglaublich, dass ich wie von einer Woge mitgerissen wurde und mich in einer Art intensiver Wahrnehmung weitete, die sich sehr schwer beschreiben lässt.

Um es zu beschreiben, braucht es Zeit, braucht es ein gut geordnetes Nacheinander.

Geschehen ist aber alles, was ich beschreibe, gleichzeitig. Es geschah irgendwie außerhalb der Zeit.

Das Meer der Lichter

Das Meer der Lichter war ohne Ende, und ich nahm den Himmelsläufer wahr, der nahe bei mir stand und ohne dass ich es bemerkt hatte, seine Hände auf meine beiden Schultern gelegt hatte, wie ich intuitiv in mir wusste, um mich zu stabilisieren. Diese Berührung gab mir einerseits Halt, sodass ich mich nicht in diesem leuchtenden Meer verlor, andererseits aber steigerte seine Berührung die Intensität der Wahrnehmung nochmal um ein Vielfaches.

Die Woge, die mich durchströmt hatte, war noch in Bewegung, und ich sah gleichzeitig zu dem funkelnden Meer der Lichter hier auf Erden, die lichtpulsierenden Sterne des Kosmos im gleichen Moment. Auch sie, so unvorstellbar weit sie auch entflammt waren, pulsierten in der gleichen großen Symphonie, wie die Gräser, Bäume und Steine.
Auch sie waren verbunden und schwangen in einem unbeschreiblichen Netzwerk des

Lichts und des Klangs, denn meine Wahrnehmung war bewusst nicht mehr nur ein geistiges Schauen, es war auch ein Hören zugleich, es war ein Mitschwingen. Es war nicht nur Fühlen, sondern das Fühlen war Wissen, Wissen aus dem Inneren des Seins, Wissen des absoluten Einklangs.

Mehr und mehr wurde meine Aufmerksamkeit in den Bereich der leuchtenden Sterne gezogen, die nicht nur alle in einem unterschiedlichen Licht pulsierten, sondern auch hier hatte jeder Stern seinen eigenen Rhythmus.

In diesem Bereich zeitlosen Wahrnehmens näherte ich mich einzelnen Sternen, ohne dass ich das Gefühl hatte, so etwas wie Entfernung überbrücken zu müssen. Ich war überall da, wo ich sein wollte, und im gleichen Augenblick war ich überall. So konnte ich die geistigen, aber leuchtenden Verbindungslinien der Sterne wahrnehmen, die sie alle miteinander verbanden und die wiederum verbunden waren mit Allem hier auf der Erde.

Ja, dieses geheimnisvolle unbeschreibliche Netzwerk der Lichtlinien und Verbindungen zwischen den Sternen wiederholte sich noch einmal hier auf der Erde und war spürbar, sowohl tief in der Erde und genauso auf der Oberfläche der Erde zugleich. Die ganze Erde war von einem Geflecht aus Linien überzogen, in denen sich das Verbindungsnetz der Sterne wiederholte und widerspiegelte. In diesem Netzwerk gab es unterschiedliche Intensitäten der Lichtverbindungen, manche waren wie feine Fäden, andere aber wie leuchtende Ströme, die sich an einzelnen Punkten kreuzten oder miteinander verbanden.

In meinem inneren Wissen, in dem ja auch alle Zeit gleichzeitig war, wusste ich plötzlich um die alte Bedeutung der Pilgerwege, mancher Sakralbauten, der heiligen Wege, der heiligen Plätze hier auf der Erde.

Sie waren oft eins mit den Lichtlinien und ihren Kreuzungspunkten. Aber gleichzeitig wurde mir noch etwas anderes bewusst: All die Sterne, die sich so geheimnisvoll in ihrem Leuchten und in ihrer Verbindung hier auf der Erde wiederholten, sie waren nicht nur Licht und Klang, sondern ich fühlte in ihnen auch das Wissen hoher Engelwesen und geistiger Lichtkräfte, die über all das, was ich hier schon an Engeln auf der Erde gespürt hatte, weit hinausgingen.

So eine Erhabenheit und Klarheit, wie ich sie dort spürte, hatte ich noch niemals gefühlt. Sie atmeten den Atem des Ewigen, und jeder dieser Sternenengel war wie ein Tor, durch das man im Geistigen schreiten konnte, um Gott zu schauen.

Ich spürte ihre unterschiedlichen Qualitäten und fühlte, dass eine jede geistig menschliche Tugend eine dieser Qualitäten, wenn auch begrenzt, widerspiegelte. Ein jeder Lichtort hier auf Erden war auf geheimnisvolle Weise mit dem Stern und den in ihm wirkenden Engeln verbunden.

Jeder Stern war Licht, in ihm wirkend unzählige Engel, die wiederum alle wie ein Engel waren.

Hier begrenzen mich die Worte, und es ist schwer, auch nur annähernd zu beschreiben, was ich fühlend und sehend wusste, ich sah ein Meer der Sterne auch in den einzelnen Wesen.

Ich sah den Himmelsläufer, auch er war wie ein Licht, und gleichzeitig war er ein funkelnder vibrierender Lichterstrom, und auch in ihm waren die Lichtlinien der Sterne und auch die Sterne selbst wiederholt.

Ich sah viele Menschen und auch andere Wesen, alle gleichzeitig. Sie strahlten und leuchteten in unterschiedlichen Intensitäten, und jeder war in sich eins und war auch der Kosmos zugleich.

Jedes einzelne Licht war Teil des Lichtermeeres, und in jedem einzelnen Licht war gleichzeitig das ganze Meer enthalten. Was für eine Vision!

Plötzlich begann ich wieder physisch zu atmen. Ich weiß nicht, wann ich damit aufgehört hatte, denn geistig war ich im kosmischen Atem lebendiger gewesen als je zuvor.

Der Himmelsläufer löste seine Berührung mit mir und berührte stattdessen den Baum. Niemand von uns sprach ein Wort, aber das war auch nicht nötig, denn kein Wort hätte wirklich ein Ausdruck sein können, von unserem gemeinsamen Erleben.

Denn wie mir der Himmelsläufer später berichtete, war mein eigenes Erleben auch sein Erleben gewesen, und der innere Einklang, den ich von nun an mit dem Himmelsläufer spürte, war um vieles intensiver als je zuvor. Er führte mich danach den ganzen Tag lang auf leuchtenden Pfaden durch die Landschaft. Er zeigte mir die tiefere Bedeutung dessen, was es heißt, ein Himmelsläufer zu sein.

Ja, in mir wusste ich, dass ich nun von diesem Erleben an, selbst einer war – dass dies meine Einweihung in das Sein eines Himmelsläufers gewesen war.
Was für ein großer Segen und was für ein großes Geschenk!

Heilige Pfade

Es ist mir wichtig, hier zu erläutern, dass sich das Sehen in meiner geistigen Schau, wo sich mir die Welt als Lichtermeer offenbarte, in meiner alltäglichen Wahrnehmung eher in ein fühlendes Wissen verwandelte.

Nur von Zeit zu Zeit ist es mir gegeben, das Leuchten der Dinge, die von innen heraus strahlen, zu sehen, aber den Pfaden des Lichtes zu folgen, vermag ich seit jenem Tag.

So lernte ich, jeder Lichtpfad hat eine bestimmte Strömungskraft, die sich oft weit oder quer durch die Landschaft zieht.

Ist man in der Lage, die Flussrichtung des Stromes zu fühlen, kann man große Entfernungen mühelos zurücklegen.
Jedoch gegen die Hauptrichtung des Stromes zu laufen, mag für einige Minuten beleben, ist aber auf längere Sicht eher ermüdend.

Besonders segensreich ist es, die großen Kreuzungspunkte mehrerer Lichtströme zu kennen und aufzusuchen. Sie geben nicht nur Kraft, sie sind auch immer Zugänge in die Wahrnehmung des Zeitlosen, des Ewigen. In ihnen spiegelt sich die Wirkkraft verschiedener Engelwesen, und sie sind im wahrsten Sinne des Wortes sakral.

Sie zu kennen und zu finden, ist mir bis heute ein großer Segen. In den darauffolgenden Wochen zeigte mir der Himmelsläufer, wie man sich auf den heiligen Pfaden oder den Sternenwegen, wie er es nennt, bewegt.
Einklang, Achtsamkeit und Herzensgebet sind die Grundlagen der Himmelsläuferpraxis, und nach und nach verstand ich die verschiedenen Bedeutungsdimensionen der heiligen Wege.
Sie sind wie ein geistig energetisches Lebensnetz, verwoben in der Welt. Und alles Lebendige wird von ihnen belebt und genährt.

Die Aufgabe eines Himmelsläufers ist es, diese Pfade immer wieder neu zu aktivieren.

Indem er oder sie den Lichtpfad in Achtsamkeit und Gebet entlangschreitet, wird der Pfad gestärkt und belebt zugleich.

Besonders an den Kreuzungspunkten der Sternenwege wendet sich der Himmelsläufer in die verschiedenen Richtungen jedes einzelnen der Lichtpfade. Segnend spürt er den Pfad entlang, um etwaige Schwächungen oder Unterbrechungen zu finden, die den Pfad seiner ursprünglichen Kraft berauben.

Sodann wirkt der erfahrene Himmelsläufer hinein in den Sternenweg, um die Hemmnisse zu beseitigen. Hierfür benötigt er oft die Hilfe des Engels, dessen Kraft sich auf dem jeweiligen Kreuzungspunkt widerspiegelt.
Wenn es erforderlich ist, geht er den ganzen Sternenweg bis hin zum nächsten Kreuzungspunkt im Gebet entlang, um ihn zu heilen und zu aktivieren. Dies mag manchmal Tage dauern oder auch Wochen, doch in dieser Art segnend auf Mutter Erde zu schreiten, ist die Art und Weise der Himmelsläufer.

Drei Jahre lang bildete der Himmelsläufer mich nun in diesen Techniken aus, und weitere vier Jahre brauchte es, bis ich die Grundlagen dieser Art des Wirkens wirklich verinnerlicht hatte. Immer wieder kam es dabei zu Begegnungen mit dem Himmelsläufer. Er weihte mich in die verschiedenen Kräfte der Engel ein, in die der Erde und in die des Kosmos. Er lehrte mich den Weg des Einklangs und der Achtsamkeit, und er formte mich in Liebe.

Schließlich bat er mich, den Weg der Himmelsläufer auch an andere Menschen weiter zu geben, denn zu keiner Zeit auf der Erde war es so wichtig wie heutzutage für die Menschen, den Weg des Einklangs mit Mutter Erde wiederzufinden.

Ein jeder, der auch nur einen einzigen Schritt im Gebet auf Mutter Erde gegangen ist, weiß, was ich meine. Doch will ich hier dem interressierten Leser nun noch weitere Erlebnisse und Begegnungen schildern, die mich in die Geheimnisse des Himmelsläufers und seines Wissens einführten.

Herzensräume

Erst drei Wochen später kam es zu einer weiteren Begegnung mit dem Himmelsläufer. Doch in diesen drei Wochen hatte ich Zeit, das Erlebte zu verarbeiten. Vor allem in meinen Träumen spürte ich eine starke Veränderung. Es kam mir manchmal so vor, als würde meine Seele beim Einschlafen buchstäblich erhoben und zu den Sternen reisen.

Beim Aufwachen hallten in meinem Geist noch Worte nach, die ich - so war zumindest mein Eindruck - von den Engeln direkt empfing. Spürte ich diesen Worten nach, so war mir, als ob die Stimme, die da zu mir sprach, meiner Seele altvertraut war.

Eine Stimme innerer Führung, die ich zwar in meinem Geiste vernahm, die aber gleichzeitig aus der Mitte meines Herzens zu kommen schien. Das erinnerte mich an den Ausspruch eines Mystikers, den ich vor Jahren gelesen hatte und der aussagte, dass im Herzen selbst das ganze Universum enthalten sei.

Jetzt verstand ich diese Worte mit einem Mal ganz direkt, durch mein eigenes Erleben. Die kosmischen, engelhaften Begegnungen spiegelten sich nicht nur in meinem Herzen, sie fanden auch genau dort statt. Ja, ich erlebte, dass immer dann wenn mein Herzbewusstsein aktiv war, sich dort ein innerer Raum öffnete.

In diesem Herzensraum jedoch verschmolzen Innen und Außen, Oben und Unten zu Einem.

Wann immer es mir gelang, bewusst in diesem Herzensraum zu sein und von dort aus die Welt wahrzunehmen, war ich gleichzeitig auch in einem Zustand größerer Einheit. Ich musste weder mein Ego zerstören, wie es in einigen spirituellen Schulen gelehrt wird, sondern ich musste lediglich darüber hinausgehen und wachsen.

Mein Herzensraum war der Schlüssel, und ich bemerkte, dass ich mit diesem Schlüssel wirklich viele geistige Türen öffnen konnte. Ein Zustand inneren Lächelns wurde mir in den darauffolgenden Wochen mehr und mehr zur Gewohnheit.

Es geschah mir sogar einige Male, dass ich sozusagen in mein Herz hineinfiel und dort tiefe Güte, Liebe und auch Segen empfand. Jedes Mal, wenn ich dann diese Liebe auf Gott hin ausrichtete, oder wie die Indianer es nennen, auf das große Geheimnis, dann weitete sich mein Herz, und es entfaltete sich der Herzensraum. Ein Raum, wo wir immer und jederzeit mit Allem verbunden sind.

Nicht nur meine Art zu träumen war jetzt verändert, auch mein Denken selbst war wohlwollender geworden. Immer häufiger verspürte ich den Impuls, andere Menschen, Tiere, Pflanzen und auch die Erde selbst zu segnen. Mehr und mehr wurde es mir ein inneres Bedürfnis, im Gebet zu sein und wie soll ich sagen, auf „heilige Art" durchs Leben zu schreiten.

Engelsegen

Als ich den Himmelsläufer schließlich wiedertraf, hatten sich die Nebel des Frühjahrs gänzlich verzogen, und es war bereits Sommer geworden.

An einem immer noch etwas kühlen Abend führten mich meine Schritte in den Park. Dort, als hätte er mich bereits erwartet, kam mir der Himmelsläufer mit federnden Schritten entgegen. Ohne dass wir uns weiter begrüßt hätten, begann er sofort mit seiner Unterweisung.

„Die Wege der Engel und die des Menschen sind auf vielerlei Art und Weisen miteinander verwoben. Jetzt, wo du gelernt hast, die Stimme der Erde besser zu hören, solltest du als Nächstes lernen, auch die Stimme des Himmels in dir zu vernehmen. Sie ist es, mit der die Engel zu uns sprechen."

Als hätte er genau gewusst, was in den letzten Wochen nachts in mir geschah, fuhr er fort:

„In deinen Träumen beginnt es, und diese Träume sind wirklich.

Sie sind Entfaltungen des Engelsegens in dir, und bald schon wirst du ihre Botschaften auch im Wachen empfangen, sei ohne Furcht."

Seine Worte versetzten mich zuerst in leichte Unruhe, denn ich war wieder an biblische Geschichten erinnert, wo sich die Engel genau mit diesen Worten den Menschen offenbarten. Sei ohne Furcht. Doch der Himmelsläufer lächelte. Er berührte mit einer sanften Geste mein Herz und sagte zu mir: *„Was immer dir vom Engel gegeben wird, schreib es auf, schreib es auf."*

Dann wandte er sich um, und so wenig, wie er mich begrüßt hatte, so wenig verabschiedete er sich von mir. Er ließ mich dadurch in einer leichten Unruhe zurück, die sich im Laufe des Abends in eine innere Aufgeregtheit steigerte, denn so merkwürdig hatte er sich mir gegenüber noch nie verhalten.

Es war bereits spät geworden, doch die Unruhe hielt an und war nun mit einem merkwürdigen kribbelnden Gefühl in meinem ganzen Körper verbunden. Dieses Kribbeln lief meine ganze Wirbelsäule hoch und runter. Als ich schließlich bei mir zu Hause angekommen war, wollte ich mich hinlegen, stattdessen saß ich - ohne zu überlegen - plötzlich an meinem Schreibtisch und begann einen Text zu schreiben.

Ich möchte an dieser Stelle vorwegnehmen, dass ich in meiner Kindheit nicht christlich oder anders religiös erzogen worden bin, noch sonst irgendeine Art kirchlicher Prägung erhalten hatte.

Aber die Art und Weise, wie sich nun die Stimme des Engels in meinem Inneren offenbarte, erinnerte mich doch sehr an eine alte biblische Sprechweise. Während ich die Botschaft empfing und sogleich aufschrieb, war mein Geist fortwährend in einen höheren Bewusstseinszustand erhoben.

Obwohl mir die biblische Sprache des Textes beim ersten Durchlesen ein wenig peinlich war, gehört der Text selbst, wohl zu den wertvollsten Geschenken, die ich je empfangen habe. Es war, als ob ich den Engel hörte und auch den gegebenen Text durchlebte. Gleichzeitig schrieb ich auch aus der Sicht eines Zeugen. Es ist wirklich schwer zu beschreiben. Es war auch hier ein Erleben außerhalb von Zeit. Als ob der Engel mir einen Lehrtext gab, den ich nun für mein ganzes Leben als spirituelle Anleitung nutzen sollte. Einiges von dem, was mich der Himmelsläufer lehrte, war als Essenz auch in dieser Engelsbotschaft enthalten. Hier ein paar Seiten aus dem Text.

Ich schrieb in der Führung des Engels folgendes:

Der heilige Tag

Und ein Engel sprach zu mir:

„Heilige deine Tage, denn ein jeder Tag gleicht einem ganzen Leben.

Er hat Anfang und hat Ende, und in ihm offenbart sich Gottes ganze Herrlichkeit.

Höre Mensch, und Friede sei mit dir, heilige deine Tage."

Und der Engel sah in mein Herz und in meinen Geist, und er sah in mir viele Fragen. Er nahm sie alle als ein Ganzes in sich auf und sprach zu mir:

„Beginne, wenn die Nacht den Tag berührt, noch bevor du deine Augen öffnest, sei beider Welten dir gewahr. Spüre den vergehenden Traum und auch all den Segen, der aus der nächtlichen Seelenschau dir erwachsen ist. Spüre den keimenden Tag in dir und was da werden will in dir und durch dich hindurch.

In beide Richtungen spürend, in die Nacht und in den Tag hinein preise Gott und danke für dein Sein.

Und wo du die Augen öffnest für das Licht des Tages, preise das Licht, welches Seine Herrlichkeit uns offenbart.

Nimm offenen Auges nun den ersten bewussten Atemzug und erfreue dich des Stromes der Lebendigkeit, der dich durchströmt.

Nimm die Fülle der Fülle, welche Leben ist, in der Kraft des Atems ganz in dich auf und preise Gott, der dich atmet.

Und wenn du dich aufrichtest und erhebst von deiner Lagerstadt, erhebe gleichsam dein Gemüt in Freude.

Bewege alle deine Glieder und lass den Strom des Lebens stark werden in ihnen, mit jedem Schritt.

Gedenke der Gnade, die dir zuteil ist in des Körpers Leben, und gewahre in dir das Geheimnis, dass ein jedes deiner Glieder und ein jeglicher Teil deines Körpers Bildnis ist ob Seiner Herrlichkeit.

Danke Gott und heilige deine Tage.“

Da ward Stille in mir ob der Kraft dieser Unterweisung und große Freude zugleich. Doch schon nach kurzer Zeit regte sich mein Herz erneut, und mein Geist begann zu fragen.

Der Engel in seiner Güte aber sprach zu mir, und seine Worte waren:

„Was vom Herzen ausgeht, ruft Wirkung in mir wach, und so soll ein Jegliches, was dein Herz noch wissen will, Antwort finden und Erfüllung."

Mein Herz aber fragte zu dem Engel hin, *„wodurch denn heiligt der Mensch sein Tun, und wodurch ist er Gott gefällig?"*

Der Engel in seiner Freude aber sprach zu mir:

„Ein jegliches, was dem Menschen gegeben ist, das soll der Mensch erheben.

Zurückführen soll er es in des Geistes Quelle Kraft, in des Lichtes Ursprung und in der Liebe Anfang.

Denn wo du ein Geformtes, ein Seiendes berührst und eingedenk bist seiner Quelle und seines Ursprungs in Gott, da heiligst du es im gleichen Moment und bist Brücke hin in des Ursprungs Licht.

Und wo du Dank webst ob des Gegebenen, sei es ein Moment oder eine Form, auch da erhebst du es und heiligst es zugleich.

So ist des Menschen Wirken stets als Segen doch gedacht für alles Sein.

Und was entfaltet ist hier in der Zeit, wird stets im Dank und im Lobpreis zum heiligen Moment, der ewig ist, und was gebunden war, ist wieder frei. Ja, was gegeben ist als Form und Raum, da wo du´s heiligst und als heilig nimmst, so offenbart es seinen Sinn und was ihm innewohnt, und was gebunden war, ist wieder frei."

Des Engels Worte, ich bewegte sie in meines Herzens Tiefe und fühlte mich berührt. Ich bewegte sie in meinem Geist und fühlte mich durchlichtet. Da bat den ich Engel:

"Ach, führe mich doch durch den ganzen Tag, auf dass die Unterweisung nur nicht ende, auf dass ich Führung hab durch dich, auf dass dein Segen bei mir sei."

Und der Engel in seiner Gnade berührte meine Stirn, und vor mir sah ich, wie der Tag sich nun entfaltet und wie der Tag mir offenbarte Gottes Herrlichkeit. Und sein inneres Wort führte mich in ein jegliches Tun und auch ins Innehalten selbst.

Ich schrieb noch viele Seiten, und es war fast schon früher Morgen, als ich den Text beendet hatte. Die Unruhe in mir war einer inneren Erfülltheit gewichen, und obwohl ich die ganze Nacht nicht geschlafen hatte, war ich keineswegs müde. Ich beschloss, den kommenden Tag ganz nach des Engels Anweisung in besonderer Art und Weise zu begehen. Mit der ersten Dämmerung ging ich in den Park, und mein Herz war ganz erfüllt mit Dankbarkeit.

Dankbarkeit für den empfangenen Text, und auch dem Himmelsläufer gegenüber, der mich in all diese wunderbaren Erfahrungen geführt hatte. Ja ich empfand Dankbarkeit für das Leben selbst, welches mir geschenkt war.

Die goldene Feder

Als ich auf der kleinen Anhöhe stand, um die ersten Strahlen der Morgensonne zu empfangen, kreisten direkt über mir einige große Greifvögel.

In Auf- und Abwärtsspiralen gaben sie sich ihrem morgendlichen Tanz hin. Ich zählte sie, es waren genau sieben. Dann geschah etwas sehr Merkwürdiges, als ich mein Herz öffnete und sie im Geist begrüßte, spürte ich ihr Kreisen wie einen Energiestrom in mir selbst.

In all meinen Energiezentren, ja in jedem Chakra kribbelte es in mir, und überall begann die Energie zu kreisen. Die Vögel, sie stiegen höher und höher, mir war so, als würde irgendetwas mich direkt aus meinem eigenen Körper herausziehen. Ich lenkte also einen Teil meiner Aufmerksamkeit in meine Füße, um die Bodenhaftung nicht zu verlieren. Gleichzeitig jedoch lief in mir ein merkwürdiger innerer Dialog ab.

Etwas in mir begann ernsthaft daran zu zweifeln, dass die Stimme, die ich in der Nacht in meinem Inneren gehört hatte und die mir den Text gegeben hatte, ein Engel gewesen war.

Innere Stimmen zu hören, das konnte ja schließlich auch einfach ein Zustand der Überreiztheit und durchaus auch nur Einbildung gewesen sein.

Ich bat also um ein Zeichen. In meinem Geist formulierte ich, *„Wenn Du wirklich ein Engel gewesen bist, dann gib mir bitte ein Zeichen.“*

Da trafen im gleichen Moment die ersten Sonnenstrahlen auf die Flügel der Greifvögel. Einer nach dem anderen leuchtete golden auf. Das Kribbeln in mir nahm zu, und ein warmer Energiestrom schoss durch meine Wirbelsäule nach oben. Es gab einen Ruck in meinem ganzen Körper, denn dieser Anblick war so erhaben und schön, dass eine Welle von Freude mich durchflutete.

Im Geiste verließ ich meinen Körper, ich flog, und plötzlich war ich einer von den sieben Greifvögeln. Ich breitete meine Flügel aus und flog höher.

Unter mir sah ich die Landschaft, die wunderschön in den ersten Strahlen der Morgensonne glitzerte, und ich sah die Weite des Himmels. Ganz unten sah ich meinen Körper, er stand nicht mehr, sondern lag regungslos im Gras. Aber das war mir egal, es war irgendwie nicht wichtig, denn ich war frei. Ich konnte überall hinfliegen, überall, wo ich hin wollte, ich war die Himmelsweite selbst.

Dann riss in mir plötzlich der Strom der Wahrnehmung ab, und es wurde dunkel. Als ich nach einiger Zeit wieder zu mir kam, war ich zurückgekehrt in meinen Körper auf der Wiese. Ich fühlte mich benommen, und obwohl mich die Sonne direkt anstrahlte, war mir fürchterlich kalt. Ich zitterte am ganzen Körper, und das Zittern wurde mit jedem Moment intensiver.

Trotz des ungeheuren Erlebnisses, welches ich gerade gehabt hatte, wusste ich, dass irgend etwas mit mir nicht stimmte. Ich fühlte mich verwirrt, irgendwie ohne feste Grenze, und es fiel mir sehr schwer, klar zu denken.

Als ich mich umdrehte, lag neben mir eine Feder und wie sich später herausstellte, war es eine kleine Adlerfeder. An ihren Rändern schimmerte sie golden. Und ohne weiter nachzudenken, nahm ich die Feder und wollte mich auf den Weg nach Hause machen. Einfach um im Bett auszuruhen und etwas wärmer zu werden.

Ich hatte ein pelziges Gefühl auf der Zunge, und auch mein Gehen selbst war irgendwie merkwürdig. Einerseits erschienen mir meine Beine wie Pudding zu sein, andererseits waren meine Schritte staksig wie die von einem Vogel. Als ich darüber nachdachte, war es, als ob bei dem Wort Vogel die Erinnerung an das Fliegen zurückkehren wollte, ich aber davor zurückschreckte und zu mir selbst sagte, *"ich glaube jetzt hast du wirklich einen Vogel"*.

Dieser Gedanke stürzte mich sofort in ein Gefühlschaos. Ich bekam Angst vor mir selbst, Angst, den Verstand zu verlieren – einfach Angst.

Kurz vor dem Ausgang aus dem Stadtpark stand auf einmal der Himmelsläufer neben mir. Er lächelte nicht, sondern sein Blick war sorgenvoll auf mich gerichtet. Allein dieser Blick ließ meine eigene Besorgnis um meinen Geisteszustand noch stärker werden. Erst der warme Klang seiner Stimme wirkte beruhigend auf mich und gab mir inneren Halt.

„Du bist weit gegangen mein Freund, viel weiter, als ich es für möglich gehalten habe. Doch sei ohne Furcht!"
Ich hörte seine Worte, aber ich verstand sie nicht wirklich. Nur das Wort Freund trat irgendwie aus den anderen Worten hervor. Hatte mich der Himmelsläufer schon mal Freund genannt? Hatte er mich überhaupt schon mal bei meinem Namen genannt? Mein Name? Ich wusste ihn plötzlich selbst nicht mehr. Gerade als die Angst darüber, dass ich meinen Namen vergessen hatte, sich wieder in mir ausbreiten wollte, berührte mich der Himmelsläufer mit beiden Händen an den Schultern und begann in einem bestimmten Rhythmus mit mir zu atmen.

Er atmete synchron mit meinem eigenen Atemrhythmus, und gleichzeitig verlangsamte er mehr und mehr den Atemrhythmus. Je langsamer wir atmeten, desto ruhiger wurde es in mir. Aber ich bemerkte sehr wohl, dass seine Besorgnis um mich noch nicht aus seinem Blick gewichen war.

Da erst schien er die Feder in meiner Hand zu bemerken. *„Oh, ein Geschenk!"* waren seine Worte, aber als ich ihm die Feder geben wollte, lehnte er es ab, sie zu berühren.

„Dies ist dein Geschenk – gib es niemandem, zumindest nicht im Moment. Ich glaube, ich weiß, wer dir helfen kann. Wir sollten jemanden besuchen. Ich werde dich zu einem Hüter bringe."

„Zu einem Hüter?", fragte ich, und obwohl mir mein eigener Name immer noch nicht einfiel, konnte ich schon wieder etwas klarer denken und auch Fragen stellen.

„Ja zu einem Hüter, aber frag nicht weiter, komm!" Wir gingen schließlich über eine Viertelstunde lang durch die Straßen des südlichen Viertels, bis er mich dann vor einem kleinen Haus warten ließ.

Er ging hinein, und nach einiger Zeit kam er in der Begleitung einer jungen Frau wieder zu mir zurück. Sie hatte langes braunes Haar, war etwa 25 Jahre alt und groß gewachsen. Sie schaute mich kurz an und lächelte, aber auch sie hatte etwas Besorgtes in ihren Augen, und obwohl sie lächelte, vermittelte mir ihr Blick Unsicherheit.

Warum bloß sahen mich alle so besorgt an? Denn obwohl die Straßen an diesem frühen Morgen noch fast menschenleer waren, hatte ich das Gefühl, dass mich auch die anderen Menschen so merkwürdig ansahen.

Der Himmelsläufer wies mit einer Handbewegung auf ein kleines Auto in der Nähe. Wir stiegen ein, und ich hatte das Gefühl, dass es ihm etwas Unbehagen bereitete, in einem Auto zu fahren. Am Steuer saß die junge Frau, und wir fuhren fast schweigend etwa zwei Stunden über das Land, bis wir schließlich in eine kleine enge Straße abbogen, an deren Ende wir an einem Bauernhof anhielten.

Der Hüter

Zwei große gelbliche Hunde kamen uns laut bellend entgegen. Wir stiegen aus, und die Hunde begannen, immer noch bellend, uns zu umkreisen. Es war der Himmelsläufer, der sie mit seiner sanften aber eindringlichen Stimme beruhigte. Doch immer, wenn sie sich mir näherten, fingen sie wieder an zu bellen.

Waren etwa auch die Hunde wegen mir besorgt und beunruhigt? Schließlich trat ein kleiner etwas untersetzter Mann aus einem der flachen Gebäude, rief ein Wort aus einer anderen Sprache, die ich nicht verstand, und die Hunde liefen sofort freudig zu ihm.

Ich selbst blieb immer noch etwas unsicher nahe am Auto stehen. Der Himmelsläufer und die junge Frau jedoch, ihr Name ist übrigens Hanna, umarmten sichtlich erfreut den untersetzten Mann, der, außer dass er einen ziemlich großen breitkrempigen Hut trug, in recht derbe Hosen und eine Art Holzfällerhemd gekleidet war.

Seine Haut erschien mir dunkler als unsere und seine Gesichtszüge fast indianisch zu sein. Der Himmelsläufer forderte ihn mit einer Geste auf, ihm zu folgen und die beiden entfernten sich ein Stück von mir, sodass ich nicht hören konnte, worüber sie sprachen. Aber ich hatte das untrügliche Gefühl, dass es bei diesem Gespräch um mich selber ging.

Es dauert etwa zwei bis drei Minuten, dann kam der untersetzte Mann auf mich zu, und sein Blick war derart durchdringend, dass ich das Gefühl hatte, er würde in mein innerstes Wesen schauen, bis auf den Grund. Dann plötzlich veränderte sich sein Blick, und ich hatte das Gefühl, etwas Wohlwollendes – ja Liebevolles - würde mich einhüllen.

„Sei mir willkommen, dir ist sicher kalt", sprach er mich an.

Ohne dass es mir vorher bewusst gewesen war, spürte ich nun, dass ich wirklich fror. Es war außen sonnig und warm, aber ich fror innerlich.

„Nun, wir werden es dir warm machen, sehr warm. Wir werden dich hineingeben in den Leib von Mutter Erde und dich festigen, dann wird es dir sicherlich wieder warm sein."

Er deutete nach links zu einer Wiese, auf der ich eine kleine Hütte aus Weidengeflecht erkannte. So etwas hatte ich früher schon mal gesehen. Es sah aus wie das Grundgerüst einer indianischen Schwitzhütte.

„Mein Name ist übrigens Pablo. Ich bin Schamane, und es ist gut, dass Richard dich hergebracht hat." Richard? Ich wusste nicht, wen er meinte und schaute ihn fragend an.
"Ja, Richard, dein Lehrer und Helfer" – er blickte in Richtung des Himmelsläufers, und plötzlich verstand ich. Der Himmelsläufer hatte mir bis jetzt noch nie seinen Namen genannt. Er hieß also Richard.

"Und wie ist dein Name?" fragte mich der Schamane, und ich wollte ihm meinen Namen sagen. Aber wie schon Stunden zuvor, fiel er mir nicht mehr ein.

Im Leib von Mutter Erde

Der Schamane lächelte und sagte: *"Vielleicht bist du ja gekommen, einen neuen Namen zu empfangen? Wir werden sehen!"* Er wies mir einen Platz nahe der Schwitzhütte zu und gab mir eine Decke um mich zu wärmen. *„Bevor wir beginnen, muss ich dir sagen…. Alles, was wir jetzt tun – wir sollten es auf eine heilige Art tun. Selbst wenn du jetzt nur zuschaust, lass in deinen Augen nur Licht sein."*

Wieder berührte mich sein Blick wie im ersten Augenblick ganz tief. Und ich hatte die eigenartige Empfindung innerlich gestärkt zu werden. Er begann nun, den Platz, auf dem die Hütte stand zu umkreisen und sang zuerst leise, manchmal wenn er stehen blieb, auch laute Worte in einer mir unbekannten Sprache. Mit der einen Hand deutete er nacheinander in verschiedene Richtungen. Mit der anderen Hand verstreute er Tabak an mehrere Stellen rund um die Schwitzhütte herum.

Der Himmelsläufer und Hanna begannen die Hütte mit großen Stoffdecken zu belegen, währenddessen stapelte der Schamane Holzscheite auf und legte schließlich oben darauf rundliche Steine in der Größe einer Melone. Immer noch war er im Gesang und entzündete schließlich das Holz zu einem großen Feuer. Es war nicht nur die Hitze des Feuers, die mich nach und nach durchwärmte, es war auch der Gesang des Schamanen, der ganz sanft und doch kraftvoll zugleich ein tiefes Wohlgefühl in mir auslöste.

Nach etwa einer Stunde schließlich kam er wieder zu mir und lud mich ein, mit ihm in die Hütte zu kommen. Er forderte mich auf, all meine Kleider abzulegen und mich nur mit der Decke umhüllt in die Schwitzhütte zu begeben. Hanna war inzwischen im Haus verschwunden, nur der Himmelsläufer stand nahe dem Feuer und erklärte mir, er werde die heißen Steine zu uns in die Hütte bringen. Der Eingang in die Schwitzhütte war recht niedrig, und ich konnte nur auf den Knien rutschend hineingelangen.

Drinnen war es dämmrig, und in der Mitte der Hütte befand sich im Erdboden ein Loch, um all die glühenden und heißen Steine aus dem Feuer aufzunehmen.

„Sei willkommen im Leib von Mutter Erde", begrüßte mich der Schamane, der schon vor mir hineingekrochen war, und er wies mich an, auf einem Platz zwischen ihm und dem Eingang zur Hütte zu sitzen.

„So wie Deine Mutter dich einst geboren hat, so wird auch Mutter Erde dich heute reinigen und wieder neu gebären."

Der Himmelsläufer reichte uns nun ein großes Wassergefäß hinein und brachte nach und nach auf einer großen Heugabel heiße glühende Steine, die er in das Loch in der Mitte der Hütte hineingleiten ließ. Als er etwa ein Dutzend Steine gebracht hatte, forderte ihn der Schamane auf, nun die Hütte zu schließen. Daraufhin wurde auch der Eingang mit Decken verhüllt, und wir saßen plötzlich in einem völlig dunklen Raum. Nur das Glühen der Steine in der Mitte war zu sehen, und eine intensive Hitze, die von diesen Steinen ausging, war fühlbar.

Der Schamane wechselte nun beim Sprechen zwischen verschiedenen Sprachen. Er begrüßte in meiner Sprache die Steine als Großväter, die schon ewig auf der Erde waren, schon lange bevor es die ersten Menschen gab.

Er dankte allen Elementen, zuerst dem Holz, welches das Feuer nährt, dann dem Wasser, welches das Leben gibt, uns reinigt und schließlich nochmals den Steinen, welche sich geben, auf dass wir neues Leben haben. Er dankte den Kräften der Luft, die uns atmen lassen. Dabei begann er Wasser auf die Steine zu gießen, was ein lautes Zischen hervorrief. Dann traf mich eine Welle von intensiver Hitze, die mir im wahrsten Sinne des Wortes den Atem nahm. Sogleich war mein ganzer Körper mit Schweiß bedeckt, und während der Schamane nun in seiner eigenen, wohl indianischen Sprache, erneut zu singen begann, fand ich selbst langsam wieder zum Atem zurück. Ich hatte mich inzwischen am Boden zusammengekauert, da unten in der Nähe des kühlen Erdbodens, die enorme Hitze nicht so stark zu spüren war.

Pablo sagte zu mir in einer fürsorglichen Art und Weise:

"Es ist gut, wenn du dich heute am Anfang hinlegst, dann kann Mutter Erde dich wieder festigen. Du bist nicht ganz zu dir zurückgekommen, als du mit den Adlern gereist bist. Und so brauchst du jetzt die Kraft von Mutter Erde, um wieder ganz und eins zu werden."

Wieder begann er zu singen, und ich kann nicht sagen, ob es die Hitze war oder sein Gesang, doch plötzlich vermeinte ich wieder zu fliegen und auch selbst wieder ein Adler zu sein. Ich kreiste erneut mit ihnen im Himmel und fühlte mich dabei unglaublich frei. Ich konnte mit ihnen ganz ohne Worte kommunizieren, ja es war so etwas wie ein direktes Vermitteln und Verstehen zugleich.

Von irgendwoher hörte ich den Schamanen singen. Ich war ja in der Schwitzhütte, und doch war ich auch der fliegende Adler. Alles im gleichen Moment. Als ich nun ganz nah an einen meiner Adlerbrüder heranflog, sah ich direkt hinein in sein Auge, und dort sah ich mich plötzlich selbst, wie ich in meinem menschlichen Körper regungslos dort unten auf der Wiese lag. Und gleichzeitig wiederum war ich auch in der Schwitzhütte. Der Gesang des Schamanen wurde eindringlicher und zog mich irgendwie an. Der Gesang wurde noch lauter, und es war so, als ob mich etwas in meinem Adlersein packen würde. Als ob ich wie an einem magischen Band zurück in den menschlichen Körper hinein gezogen wurde. Es gab schließlich einen Moment der inneren Entscheidung, wo ich zwischen dem schier grenzenlosen Sein eines Adlers und dem im Vergleich so schwerfälligen Sein eines Menschen zu wählen hatte. Doch etwas in mir wusste: „ich war ein Mensch" und das Menschsein war mein Weg, und es war der richtige Weg. Es gab so etwas wie einen inneren Ruck in mir, mein ganzer Körper zuckte in diesem Ruck, und ich war wieder in mir.

Ich war in der Schwitzhütte und spürte neben mir den Schamanen, der inzwischen aufgehört hatte zu singen und mit einem kurzen Ruf den Himmelsläufer aufforderte, die Tür der Schwitzhütte zu öffnen.

Als die Decke zum Eingang der Hütte umgeschlagen wurde, entwich eine gewaltige Wolke von Dampf, und ich sog begierig die frische Luft, die zu uns in die Hütte strömte, tief in mich hinein. Mit einem Lachen sagte der Schamane: *"Sei willkommen auf der Erde, Adlerauge. Schön dass du wieder zurück bist von deiner Reise."*

Ein neuer Name

Von diesem Moment an, nannte mich der Schamane nur noch Adlerauge, was mich zuerst sehr merkwürdig berührte, ja, was sich kindisch anfühlte. Schließlich war ich ja keine acht Jahre alt und spielte Cowboy und Indianer.

Aber es war ihm im wahrsten Sinne des Wortes ganz ernst damit. Er erklärte, dass ich mir diesen neuen Namen nun verdient hätte. Dass es von nun an mein eigentlicher Name sein würde, denn ich hätte ab jetzt die Kraft des Adlers in mir, und ein Teil von mir würde immer zu ihnen gehören, würde immer mit ihnen fliegen. Da dieser Teil meiner Selbst im Adler jedoch anfänglich zu groß gewesen sei, hätte ich mich in meinem Menschsein fast verloren und wäre sehr geschwächt zu ihm gekommen. Er habe mich nun jedoch zu mir selbst zurückgebracht, aber von nun an sei ich ein "Adlermensch" und hätte einen Adlernamen verdient.

Es überkam mich, ihm von der Adlerfeder zu erzählen, die ich nach dem Erlebnis des Fliegens auf der Wiese gefunden hatte. Er bat den Himmelsläufer, sie aus dem Auto zu holen, und mir zu geben. Dann ließ er neue Steine in die Hütte bringen und nachdem die Hütte wieder verschlossen wurde, sang er erneut ein indianisches Lied. Wieder wurde Wasser auf die heißen Steine gegossen, aber im Gegensatz zur ersten Runde bat er mich nun, ganz aufrecht zu sitzen. Denn die Kraft des Adlers in mir sei nicht nur der weite Blick, der bis in die Zukunft sehen kann, sondern auch die Kraft der Aufrichtigkeit, die einen Menschen befähigt, kraftvoll zu sein in seinem Gebet.

Die Stille und die Klarheit in mir hielten weiter an, und im Stehen fühlte ich mich wie in einer Lichtsäule, tief verwurzelt in Himmel und Erde.

Es war mir ein wenig unheimlich zumute, dass es einem anderen Menschen möglich war, mich von einem auf den anderen Moment in einen derart intensiven Bewußtseinszustand zu versetzen.

Der Himmelsläufer ließ sich jedoch nichts anmerken. Langsam setzten wir unseren Weg fort, wir gelangten in die Nähe meines Zuhauses und ich beschloss, den Himmelsläufer zu mir nach Hause einzuladen.

„Wenn ich Sie auf eine Tasse Tee einladen darf, ich wohne gleich dort drüben.“

Mit der Hand wies ich auf das alte Mietshaus, in dem ich im obersten Stockwerk eine Wohnung angemietet hatte.

Der Himmelsläufer hielt inne, und antwortete mir mit seinem typischen Lächeln, *„danke, sehr nett, aber ich trinke nur Wasser. Wasser ist*

nten kleine Energielie Feder hindurch in
n anders herum von
die Feder hindurch
ich genau, was der
frechten und aufrichdie Zeremonie nach
in der Schwitzhütte
es draußen dunkel

nd funkelten hier auf
s bei uns in der Stadt,
der Hütte getreten
ndum wie neu geboich dir gesagt? Du bist
st einen neuen Namen
ne strahlte mich an.

s geduscht hatte, ereiner köstlich duftenen Tag lang hatte ich
ürt. Aber mit einem
usst, wie hungrig ich

Der Himmelsläufer und auch Hanna schienen nicht mehr besorgt zu sein, was mich betraf, sondern ganz im Gegenteil, auch sie beide strahlten mich an und beglückwünschten mich zu meinem neuen indianischen Namen.

Nach dem Essen erzählte uns Pablo noch eine Geschichte von den Kräften der Adler und ihrem Bezug zu den Sternen. Die indianische Erzählweise ist nicht nur sehr bildhaft und poetisch, sie vermittelt fast immer auch ein tiefes spirituelles Wissen.

Durch seine Erläuterungen und Geschichten verstand ich die innere Verbindung von Adlerkräften und Engelwesen, sowie die Verbindung von Sternen und Bäumen. Meine Begegnungen mit den Engeln und den Bäumen, das Erlebnis mit den Adlern, alles schien irgendwie zusammenzugehören und sich zu ergänzen.

In der darauffolgenden Nacht hatte ich einen richtungsweisenden Traum.

Noch bevor ich ihn etwas fragen konnte, setzte er sich plötzlich mitten auf den Bürgersteig. „*Wer laufen will, muss sitzen lernen, wer sitzen kann muss stehen lernen, und immer muss der Himmel mit ihm sein.*

Wenn du sitzt, so beende alle Bewegung, besonders die im Geiste. Wenn du stehst, sei tief verwurzelt, und sammle die Ewigkeit an einem Fleck. Sei nicht Wanderer im Geiste, der durch Zukünftiges schweift, was noch nicht ist, oder der durch Vergangenes streift, in dem, was einstmals wohl war. Sammle ein die Zeit, und beginne, die Welt in dir anzuhalten.

Hast du die Welt in dir angehalten, so sammelt sich der Strom der Ewigkeit in deiner Mitte, und du beginnst ein Segen zu sein, für den Augenblick, in dem du gerade weilst."

So wie er die Worte zu mir sprach, veränderte er im gleichen Moment meine Wahrnehmung, und wir befanden uns wie in einer Blase außerhalb der Zeit.

In mir schien alles irgendwie angehalten zu sein, und ein unbeschreiblicher Raum der Stille breitete sich aus in mir.

In mir regte sich jetzt ein leichter fast unmerklicher Unmut. Schließlich hatte ich in den letzten Wochen so beeindruckende innere Erfahrungen gemacht und auch alle Übungen sehr intensiv praktiziert. Ich konnte den Himmel wirklich unter meinen Füssen spüren und hatte zusätzlich lang andauernde Empfindungen vom Gefühl des Himmelsraumes um mich herum.

Bei den einzelnen Schritten auf Mutter Erde war ich achtsam und bedacht. Ich fühlte meine Schritte auf Mutter Erde oft wie eine Liebkosung, und ich hörte ihre Stimme in meinem Herzen und fühlte Momente des Eins seins und…

Als hätte er meine Gedanken wahrgenommen, blieb er plötzlich stehen, blickte mich lange und eindringlich an und sagte mit leiser Stimme, *„es gibt so wenige Himmelsläufer, weil die wenigsten genug Geduld dazu haben. Du bist ein paar Schritte gegangen, hast etwas Laufen gelernt, nun können wir langsam beginnen, gemeinsam zu gehen.“*

Die Zeit anhalten

Es war der Himmelsläufer selbst, der mich diesmal fand. Er begegnete mir mitten auf der Straße, und wäre ich wie früher in meinen Gedanken versunken gewesen, hätte ich wohl nicht bemerkt, wie er fast unmerklich an meine Seite getreten war. Lächelnd fragte er mich, *„wollen wir ein Stück des Weges gemeinsam gehen?"* Nun waren mir seine Begrüßungsworte fast schon vertraut, und auch ich selbst begann zu lächeln.

„Ich sehe, die Mutter nährt dich wieder" sagte er, *„das ist ein gutes Zeichen." „Was meinen Sie mit nähren,"* fragte ich ihn. *„Nun, sie hat ihr Licht um dich herum erneuert. Dieses Licht ist so etwas wie eine Placenta, und auf diesem Weg nährt sie dich ganz direkt."*
Einem Teil von mir waren seine Worte irgendwie peinlich, aber ich ließ mir nichts davon anmerken.
Er aber fuhr fort, „wenn sie dich lange genug genährt hat, gebärt sie dich vielleicht eines Tages als Himmelsläufer, eines Tages vielleicht."

nung von Mutter Erde in unserem eigenen Bewusstsein auflösen müssen. Dass die Menschen den Schleier zerreißen müssen, genau den Schleier, der gerade eben bei mir selbst durch den inneren Gefühlssturm und die tröstende Antwort von Mutter Erde durchsichtiger geworden war.

Das Leuchten in Allem um mich herum blieb mir noch stundenlang erhalten. Es hat in mir bis zum heutigen Tag zu einer ganz neuen Qualität der Wahrnehmung geführt. Die Stimme von Mutter Erde selbst, sie ist mir nie wieder abhandengekommen, und ich vermag sie zu jeder Zeit zu hören.

Als ich vom Park in Richtung meiner Wohnung lief, da empfand ich zum ersten Mal, was es wohl wirklich bedeuten könnte, ein Himmelsläufer zu sein. Tiefe Bewusstheit erfüllte jeden meiner Schritte, aber das Schönste war das Gefühl in meinem Herzen selbst.

Himmel und Erde waren nun verbunden in mir. Ich hatte etwas wiedergefunden, was ich nur als wirkliche und gefühlsmäßige Verbundenheit bezeichnen kann.

Ich träumte, die Vertreter verschiedener Religionen dieser Erde machen sich auf den Weg zu Gott. Juden, Moslems, Christen, Hindus, Buddhisten und viele mehr.

Auf dem Weg diskutieren sie, welche Art des Gebets wohl die würdigste sei, um Gott zu preisen.

Es dauert nicht lange, da geraten sie darüber in einen Streit. Der Streit wird immer heftiger, und es kommt schon zu den ersten Rempeleien, da erscheint in ihrer Mitte ein Engel. Von seinem starken Licht geblendet, halten sie alle inne und beginnen zu beten.

Im innigsten Moment des Gebets spricht ein jeder einen Segen, und im selben Moment verbindet der Engel sie zu einem Geist, denn im Segnen selbst, fielen alle Unterschiede von ihnen ab....

Am nächsten Morgen weckte mich der Himmelsläufer schon sehr früh. *„Wir sollten heute viel laufen. Das wird dir helfen, wirklich hier auf der Erde zu sein."*

Die Frage

Im Laufe des Tages hatte ich das Gefühl, durch die zurückliegenden Erlebnisse mit den Adlern, etwas Neues dazugewonnen zu haben, etwas, das meine Fähigkeiten ergänzen würde.

Ich musste plötzlich an den Traum der vergangenen Nacht denken. Obwohl ich schon so viel in dieser Richtung gelernt hatte und auch direkt erfahren durfte, fragte ich unvermittelt den Himmelsläufer: *"Was ist eigentlich Segen?"*

Der Himmelsläufer hielt inne, schaute mich an, und ich merkte, dass ihn diese Frage anders berührte, als all die anderen Fragen die ich ihm schon vorher gestellt hatte.

„Du musst wissen", fing er an, *„dass dies immer die wichtigste Frage ist, die einem Himmelsläufer von seinem Schüler gestellt wird. Die Frage selbst, ist ein Zeichen, sie öffnet den Anfang des Weges, und sie vollendet auch den Kreis der Ausbildung.*

Auch wenn sich diese Frage letztlich nicht durch Worte beantworten lässt, so will ich dir doch alles sagen und zeigen, was ich über das Segnen weiß.

Segnen ist eine geheimnisvolle Kraft, im Segnen erkennt und erfüllt der Mensch seine eigentliche Bestimmung hier auf Erden.Ob als Hüter wie Pablo, oder als Himmelsläufer wie wir – das Segnen als solches offenbart dir, wer du bist und warum du hier bist.Wie gesagt: Es ist der eigentliche Anfang des Weges und gleichzeitig seine Vollendung. Im Segnen findet der Himmel den besten Weg durch den Menschen hindurch, die Erde zu liebkosen.Das Segnen ist eine der wichtigsten spirituellen Kräfte, denn ein guter Segen wirkt immer Frieden, Liebe und Einklang.

Es gibt da eine alte Legende:
Wenn die Menschen wieder anfangen zu segnen, entsteht ein neuer Einklang mit der Schöpfung, und aus dem Einklang erwächst Frieden, aus dem Frieden entspringt eine jede gute Gabe,und alles kehrt zurück in die Harmonie. So werden Mensch und Erde geheilt.
Genau dies ist der Weg der Himmelsläufer."

Der leblose Felsen

Der Himmelsläufer ließ mich schließlich bei einem großen Felsen inne halten und forderte mich auf, den Felsen zu segnen.

Obwohl es mir letztlich merkwürdig vorkam, segnete ich den leblosen Felsen. *„Was hast du denn eben beim Segnen gefühlt?"* fragte mich der Himmelsläufer kurz danach. *„Gefühlt? Eigentlich habe ich gar nichts gefühlt, außer dass es mir merkwürdig vorkam, einen leblosen Felsen zu segnen".* *„Leblos?"* Der Himmelsläufer schaute mich fragend an.

„Du solltest es besser wissen. Erst gestern in der Schwitzhütte haben sich die Steine in ihrem Sein hingegeben, auf dass du wieder Wärme und Leben hast…. Leblos? Nichts ist wirklich leblos, sondern das Leben offenbart sich überall auf andere Art und Weise. Versuche noch einmal, den Felsen zu segnen. Aber diesmal sei sehr achtungsvoll zu ihm!"

„Mit welchen Worten soll ich denn einen Felsen segnen?" fragte ich. *"Die Worte sind am An-*

fang nicht so wichtig, sondern nur das Gefühl.
Wenn du das richtige Gefühl hast, kommen im
Segnen die Worte wie von alleine."

Ich schaute also den Felsen an, hob die Hände, um ihn zu segnen, als der Himmelsläufer mich aufforderte, besser die Augen zu schließen, um zuerst mal den Felsen zu fühlen. Ich weiß nicht, ob ich mich an diesem Tag besonders ungeschickt anstellte, aber ich fühlte gar nichts. Ja ich empfand fast so etwas wie einen Widerwillen, den Felsen zu segnen. Wahrscheinlich bemerkte der Himmelsläufer mein inneres Ringen.
Er sprach mit einem Mal mit einer fast scharfen Stimme zu mir, und das hatte er wirklich noch nie getan.

„Du bist so eingebildet in deinem Menschsein –
genauso wahnsinnig wie der Rest der Welt ,
denn du glaubst, du bist etwas Besonderes, etwas
Besseres, und solange du das glaubst, kannst du
niemals ein Segen sein."

Ich war sprachlos, seine Worte trafen mich tief, und ich verstand mich selbst nicht mehr. So oft hatte ich die Erfahrung von tiefer Verbundenheit machen dürfen, ja hatte sogar das Einssein erfahren, war unglaublich beschenkt worden, aber gerade jetzt fühlte ich mich jenseits all dieser Erfahrungen. Etwas kämpfte in mir, ich war einen Moment lang empört, dass der Himmelsläufer mich so unfreundlich angefahren hatte, andererseits war ich traurig über mich selbst. Enttäuscht, wütend, traurig, alles zugleich. Mit all diesen Gefühlen in mir blickte ich etwas verzweifelt den Himmelsläufer an, er aber schaute wieder liebevoll und lächelnd, so wie sonst auch immer. Seine Worte waren wieder sanft. *„Es ist nicht deine Schuld! Es ist die Krankheit fast aller Menschen. Es ist ein Wahn, der uns von der Welt trennt.*

Du hast ihn schon einige Male überwunden, und es wird dir sicher wieder gelingen". Er berührte mich an der Schulter. *„Komm, lass uns lieber zusammen segnen, denn das ist einer der Geheimnisse des Segnens. Er verstärkt sich in der Gemeinsamkeit".*

Gemeinsam berührten wir den Felsen, und der Himmelsläufer fing an, direkt zum Felsen zu sprechen. Vielleicht aber sprach er eigentlich auch zu mir. *„Bruder Fels, sei gesegnet, sei gesegnet in deinem Sein – ehrwürdig bist du in deinem Alter, wunderbar bist du in deiner Kraft.*

Sei gesegnet. Du bist ein Teil der Erde, nimm an unseren Segen , denn wir sind Himmelsläufer, fühle unsere Liebe und nimm an unseren Segen."

Ob es die Worte waren oder das Segnen? Ich weiß es nicht, mein Herz aber, es klopfte mir bis zum Hals. Wärme umströmte mich, und als ich meinerseits den Felsen segnete, war mir so, als ob ich gleichsam alles, was ist, das ganze Sein segnen würde. Jeden Stein, jedes Wesen, einfach alles,

„Siehst du", sagte der Himmelsläufer, *„das ist es, was ich meinte. Segnen ist etwas ganz Besonderes, und nichts kommt ihm gleich. In einem guten Segen verbindest du alles, was ist, zu einem Sein."* „Warum ist das so?", fragte ich ihn, und er antwortete, *„nun, ein guter Segen schöpft aus der höchsten Quelle.*

Als im Anbeginn Gott das Sein aus sich heraus gebar, ward dem ein Segen innewohnend. Dieser Segen ist ewig. Wenn du nun segnest, bringst du dich selbst in einen Einklang mit dem Schöpfungsbeginn und sozusagen mit Gottes Gegenwart."

„Aber der Beginn der Schöpfung, die Wissenschaftler sagen, das Universum sei Milliarden von Jahren alt? Das ist doch wirklich sehr weit weg."

Der Himmelsläufer schaute mich an und lächelte.

„Der Beginn der Schöpfung, er geschieht ständig, er ist jenseits von Zeit, er ist immer da, er ist immer erreichbar, wie Gott selbst, ist er innewohnend und überall und jenseits davon. Kein Wissenschaftler vermag dir das zu erklären, aber der Segen vermag es, dir das zu offenbaren."

Ich war etwas verwundert, dass der Himmelsläufer von Gott sprach, meistens hatte er von Mutter Erde und vom Himmel gesprochen, von Engeln und Bäumen, aber selten nur hatte er Gott erwähnt.

Als würde er genau wissen, was mich bewegt, waren seine nächsten Worte: *"Ich sagte dir doch vorhin, es ist eine besondere Frage, die Frage nach dem Segnen.*

Jetzt sag mir, was hast du gefühlt, als du den Felsen gesegnet hast?" Ich antwortete, *„ Da war so viel – aber ich glaube, am Anfang, als du die Segensworte gesprochen hast, da fühlte ich Wohlwollen zum Felsen hin und dann..."*

Der Himmelsläufer hob die Hand, um mir anzudeuten, nicht weiter zu sprechen.

„Ja das ist gut, Wohlwollen ist der erste Schlüssel, an dem du einen guten Segen erkennst. Bleib dabei, fühle Wohlwollen."

Der Himmelsläufer erläuterte mir nach und nach die - wie er es nannte - sieben Stufen des Segnens, und noch sehr oft an diesem Tage hielten wir inne, um einfach nur zu segnen.

Als wir schließlich am Nachmittag zum Haus von Pablo zurückkehrten, begrüßte dieser uns freundlich mit den Worten: *„Ich sehe, ihr hattet einen guten Tag."*

"Woran siehst du das denn?" wollte ich wissen.

„Na, weil ihr leuchtet" ‚antwortete er. *„Ihr Himmelsläufer leuchtet, wenn ihr eurem Weg folgt.*

Ja, wir sind alle leuchtende Wesen", fuhr er fort *„Leuchtende Wesen auf der heiligen Reise des Lebens."*

Als er das sagte, fühlte ich wirklich Glück in mir, denn er sprach genau das aus, was auch meine eigene tiefste innere Überzeugung war, das Leben ist eine heilige Reise.

Am nächsten Tag schon kehrten wir in die Stadt zurück. Doch bis heute bin ich Pablo für seine Hilfe zutiefst dankbar.

Der Alleine

Die Tatsache, dass der Himmelsläufer Gott erwähnt hatte, beschäftigte mich weiter in meinen Gedanken. Bis jetzt war er mir immer spirituell erschienen – aber nicht im eigentlichen Sinne des Wortes religiös.

So nutzte ich die nächstbeste Gelegenheit, um ihn zu fragen, welche Vorstellung er denn von Gott habe.

Ich wußte natürlich in meinem Inneren genau, dass dies eine sehr heikle Frage sein könnte, aber seine Antwort dazu überraschte mich, und sie ist mir bis heute als etwas sehr Wertvolles im Gedächtnis geblieben.

„Ich habe keine Vorstellung von Gott", begann er „und immer, wenn sich eine aufbaut, erkenne ich sie als etwas, was sich im wahrsten Sinne des Wortes zwischen mich und Gott stellt. So wie das Wort Vorstellung schon besagt, ist es etwas Davorgestelltes, etwas, was dich nur vermeintlich verstehen läßt.

Kein Wort und kein Name, keine Vorstellung und auch kein Bild wird Gott gerecht. Er ist das große Geheimnis, und wenn du dich diesem Geheimnis zuwendest, beginnt es sich dir in unglaublich vielfältiger Weise zu offenbaren.

Er ist in allen Wesen und auch jenseits davon. Er ist unglaublich erhaben und dir doch näher, als du dir selbst bist ,und Er ist kein Er – sondern jenseits von männlich und weiblich, und doch ist er uns wie eine Mutter und ein Vater zugleich.

Er ist der ALLEINE, der alles umfasst, der alles enthält und der aus sich heraus alles gebiert. Er ist das große Geheimnis, das wir nie ganz ergründen können. Wann immer wir jedoch glauben, es zu verstehen, verschließt sich uns der Strom der Offenbarung.

Wenn wir aber seine staunenden Kinder bleiben, offenbaren sich uns stets Wunder um Wunder.

Das Wichtigste aber, das ich dir dazu sagen kann, ist, dass dem Menschen die Gabe und der Segen gegeben ist, mit dem ALLEINEN zu sprechen, ja ihm nahe zu sein, denn er ist die Quelle allen Segens.

Es ist die Sprache des Herzens und der Hingabe, die uns eine Brücke ist, hin in des Einen Gegenwart."

„Aber wir sind doch immer mit Gott verbunden?" Es war mehr eine Frage als eine Feststellung, die ich ihm stellte.

„Ja wir sind mit Ihm immer Eins, aber wir wissen es meist nicht in unserem Bewußtsein. Es ist einfach zu sagen, wir sind eins mit Gott. Aber es ist doch ein großer Unterschied, ob wir das auch wirklich erfahren, fühlen und empfinden. Immer wieder fallen wir im Bewußtsein der Trennung anheim und müssen die Brücke der Verbundenheit zu Gott wieder erneut aufbauen.

Dein Herzensgeist vermag das, und ein jeder Engel wird dir mit Freuden dabei helfen.“

Das erinnerte mich sogleich an eine zurückliegende Begegnung mit dem Himmelsläufer, wo er mir schon mal das Segnen mit den Engeln nahegebracht hatte.

Der Fluß des Segens

Es war an einem dieser herrlichen Herbsttage gewesen, wo das goldene Licht der Sonne, die farbenfrohen Blätter der Bäume hell erstrahlen ließ. Ich war schon am frühen Morgen im Stadtpark unterwegs, als ich bei dem kleinen Bachlauf in der Mitte des Parks auf den Himmelsläufer traf.

Wie in Gedanken, schaute er ohne die geringste Bewegung auf das Wasser. Ich selber blieb in einigen Metern Entfernung stehen, um ihn bei was auch immer nicht zu stören.

Fast fünf Minuten vergingen, bis er sich ganz unvermittelt zu mir umdrehte und mir mit einer kleinen Handbewegung zu verstehen gab, näher zu treten. Ohne dass wir uns weiter begrüßten, sagte er folgendes:

"Wenn du im Segnen dem Fluß des Wasser folgst, so kannst du schließlich alle Wasser dieser Welt auf einmal segnen, denn sie sind alle miteinander verbunden. Ja, das Wasser selbst kann noch viel mehr berühren und deinen Segen weitertragen.

Es fließt durch die Bäume und durch alle Pflanzen, es fließt durch die Menschen und die Tiere, es fließt bis tief in die Erde, und es steigt auch bis zum Himmel empor.

Verbinde dich im Segnen mit dem Fluß des Wassers, und lass deinen Segen in die verschiedensten Richtungen tragen. In die Weite, in die Tiefe, in die Höhe, und segne alle Wasser dieser Welt.

Lass dich dabei vom Erzengel Gabriel führen, er kennt die Wasser des Lebens, denn er ist eins damit." Dann deutete er mit einer weiteren Handbewegung an, dass ich jetzt die Wasser segnen sollte.

Ich trat bis nahe ans Ufer und verband mich im Herzensgeiste mit dem Erzengel Gabriel, indem ich ihn innerlich rief und ihn darum bat, jetzt im Segnen durch mich hindurch zu wirken. Dies war die Art, wie mir der Himmelsläufer schon öfter die Engel nahe gebracht hatte. Ich konzentrierte mich auf das Wasser, verband auch hier meinen Herzensgeist mit dem Fluß und segnete das Wasser. Als würde das fließende Element mich anregen, sprudelten Segensdanken und Gebetsworte aus mir heraus, die ich allerdings lediglich im Geiste sprach und direkt in die Wasser sandte.

Dann wurde mein inneres Erleben mit einem Male viel intensiver als zuvor. Ich verband mich im Segnen über das Wasser hinaus, mit vielerlei Wesen, die vom Wasser durchströmt wurden. Es ist gar nicht so leicht, diese Art des Segenswirkens zu beschreiben. Zuerst trug mich der Bach im Geiste in immer weiter verzweigte Wasserströme hinein, dann segnete ich die fließende Wasserkraft in den Wesen und war in mir jeweils eins mit der Bedeutung des Segenswortes.
Es sprach zum Beispiel in mir: *"Segen den Wassern, die die Bäume beleben und stärken"*, da fühlte ich gleichzeitig in mir auch Resonanz mit der Eigenschaft der Lebenskraft, die mit dem Wasser kommt.

Ich wünschte den Bäumen ein langes Leben und fühlte im selben Moment so etwas wie ein Schwingungsfeld, welches in den Wörtern LANGES LEBEN enthalten war.

So ging es immer weiter – ein jedes Segens-
wort war gleichzeitig mit dem fühlenden Erleben der ihm innenwohnenden Eigenschaft
verbunden. Geistige Bedeutung verband sich
mit der jeweiligen Gefühlsqualität, und bei-
des schien sich gegenseitig zu verstärken.
Und der Engel, er multiplizierte jede dieser
Wirkkräfte nochmals. Am Ende war in mir
nur noch Dankbarkeit, dass mich der Himmelsläufer und auch der Engel in eine solche
Tiefe des Erlebens geführt hatten.

Ich verstand die wirkliche Kraft des Segnens
nochmal ganz neu. Es war Gebet, Heilung
und schöpferisches Wirken, alles in einem.

Auch der Himmelsläufer schien mit mir
ganz zufrieden zu sein, denn sein gütiges Lächeln strahlte mir entgegen und berührte
mich angenehm.
Er sprach, *„jetzt laß mich dich noch etwas tiefer
in die Kraft des Segnens führen, denn das Segnen
ist eines der wichtigsten Werkzeuge eines Himmelsläufers.*

Am Anfang, wenn du beginnst, das Segnen zu praktizieren, erfährst du Wohlwollen und Zuwendung, denn der oder die Segnende wendet sich der Schöpfung zu. Im Segnen verbindest du Himmel und Erde, du leitest Segensströme aus den geistigen Sphären hin zu Mutter Erde, und du erhebst den Dank der Erde und lenkst ihn hin zum Licht.

Das gilt auch für dich selbst, du erhebst den Dank und empfängst den Segen.

So oft du kannst, folge dem Weg des Segnens, denn wie eine Spirale führt er dich immer tiefer hinein in das Wirken eines Himmelsläufers.

Segen erscheint einfach, doch es ist eine hohe Kunst, und es sind eben die einfachen Schlüssel, die uns die bisher noch verborgenen Türen öffnen. Durch das Segnen beginnst du die Welt ganz neu zu berühren, liebevoller und achtsamer, belebend und heilend. Segnen ist eine Liebkosung für die Schöpfung und für alle Wesen.

Erinnere dich an die Sternenwege, die die Landschaft durchziehen und alles Lebendige miteinander verbinden.

Segnen ist die Kraft, mit der du die Sternenwege belebst und sie wiedererweckst, wenn sie schlafen.

Durch das Segnen kannst du die Sternenwege dort heilen, wo sie unterbrochen sind. Dies ist unsere Aufgabe als Himmelsläufer und unser Weg. So ist das Segnen der Schlüssel zum Sein eines Himmelsläufers.

Im Segnen verbindet sich alles miteinander, das achtsame und liebevolle Gehen auf Mutter Erde, das Wirken im Einklang mit den Engeln, das Beleben und Heilen der Sternenwege, das Aktivieren von Kraftplätzen und noch viel mehr.

Segne oft, und du wirst eine innere Führung erhalten, die dich mehr über die innere Bedeutung des Segens verstehen lässt.

Das Segnen ist in sich selbst ein heiliger Weg. Erinnere dich an die Worte von Pablo, wir sind alle heilige leuchtende Wesen".

Sehnsucht

In den Wochen danach war ich bei meiner Arbeit an der Universität sehr gefordert. Es fiel mir immer schwerer, mich den ganzen Tag lang in geschlossenen Räumen aufzuhalten. Mehr als nur einmal ertappte ich mich dabei, wie ich sehnsuchtsvoll aus dem Fenster schaute.

Das Sein als Himmelsläufer schien mich mehr und mehr zu rufen, ein Ruf, den ich nicht überhören wollte und konnte. Ich wußte tief in mir, dass ich etwas in meinem Beruf verändern mußte, um viel mehr draußen in der Natur zu sein.

Ich wollte Mutter Erde spüren, den Wind, die Sonne, den Himmel und die Bäume. Das häufige Segnen von Menschen, Räumen und auch von Situationen, half mir in dieser Phase sehr, mit der Praxis eines Himmelsläufers im Kontakt zu bleiben, selbst wenn ich bei der Arbeit und in einem Gebäude war.

Natürlich praktizierte ich das Segnen innerlich, sozusagen im Verborgenen, und ganz deutlich konnte ich bemerken, wie meine Mitwelt positiv darauf reagierte.

Es erschien mir so, als würde ich viel öfter von anderen Menschen angelächelt werden, ja, als wären die Menschen um mich herum ein wenig glücklicher, je öfter ich sie im Geiste segnete.

Wahrscheinlich jedoch war ich es einfach nur selbst, der glücklich war, mit dem Segnen ein so wunderbares Werkzeug zur Verfügung zu haben.

Ich begann meine Tage nun stets mit dem Gedanken – *„Segen allen Wesen, mögen alle Wesen glücklich sein,"*- und im Laufe des Tages wiederholte ich sehr oft nur diesen einen Wunsch in meinem Herzen.

Es erinnerte mich an meine Zeit in einer Übungsgruppe für tibetische Meditation, wo es auch genau darum ging, Liebe, Güte und Wohlwollen allen Wesen gegenüber zu entwickeln.

Das Segnen ist ja viel mehr, als nur ein positives Denken. Es schien mir in den Momenten, wo ich selber die Kraft des Segens erfuhr, immer so etwas wie die Krönung zu sein. Die Krönung einer spirituellen Handlung, einer Zeremonie, oder als die verborgene Krönung unseres ganzen Lebens. Ja, ich spürte tief in mir, dass wir selbst ein Segen sein konnten und eben genau das unser Leben krönt.

Der Himmelsläufer, auch er ist mir zum Segen geworden in meinem Leben, ja er war mir ein Segen, von Anfang an.

Uma

„Ich möchte, dass du Uma kennenlernst," der Himmelsläufer strahlte mich an, und seine Augen leuchteten, als er Umas Namen erwähnte.

Natürlich war sofort meine Neugierde geweckt, denn bisher waren alle Begegnungen, in die mich der Himmelsläufer geführt hatte, immer auch besondere Erlebnisse gewesen. Ob es sich nun um Begegnungen mit Bäumen, Engeln oder Menschen handelte, stets war darauf auch ein intensives Erleben gefolgt. Ich wollte natürlich mehr erfahren. Also fragte ich ihn, *„wer ist denn Uma?"*

„Nun, Uma ist eine Geschichtenerzählerin, und sie bewahrt viel altes Wissen über die Himmelsläufer in sich auf. Ich freue mich schon darauf zu erfahren, welche Geschichte sie wohl für dich bewahrt hat."

Meine Neugierde stieg an, und obwohl ich dem Himmelsläufer noch eine Reihe von Fragen über Uma stellte, wollte er mir nicht mehr sagen.

Es war nicht sehr weit zu Uma, wir liefen ca. eine Stunde lang in der Art der Himmelsläufer, bis wir vor einem kleinen Häuschen anhielten. Der Himmelsläufer führte mich durch eine kleine Pforte in einen verzauberten Garten.

In ihm waren kleine Bäume, Büsche und Blumen so miteinander angeordnet und verwoben, dass ich mich wie in eine Art Märchenlandschaft versetzt fühlte.

„Sie ist Irin," sagte der Himmelsläufer, bevor er eine kleine Glocke am Hauseingang betätigte, *„aber sprich sie nicht darauf an, bevor sie dir nicht selber davon erzählt."* Sein Lächeln war mehr als verschmitzt, als er das zu mir sagte. Als die Tür sich öffnete, war ich überrascht, einer doch sehr kleinen, älteren Frau gegenüberzustehen. Sie hatte wirklich nur die Größe einer Zwergin, und ich fühlte mich noch mehr als durch den Garten an ein Märchen erinnert. Sie stürmte an mir vorbei – direkt auf den Himmelsläufer zu, umarmte ihn, und es schien fast so, als wollte sie ihn nie wieder loslassen.

„Uma, ich freu mich, dich zu sehen", sagte der Himmelsläufer mit einem Strahlen in seinem Gesicht. Dann deutete der Himmelsläufer auf mich *„und ich habe dir jemanden mitgebracht."* Uma wendete sich mir zu mit den Worten *„Sei willkommen, Kleiner, sei willkommen."*

Ich bin etwa 180 cm groß und Uma.... ich schätzte sie auf höchstens 150 cm, und sie nannte mich Kleiner? Ihr Willkommen war mehr als herzlich, sie führte uns durch einen kleinen Flur direkt in ihr Wohnzimmer, wo zwei Sessel , eine rote Couch und ein großer Kamin zur Gemütlichkeit einluden.

„Nehmt Platz, nehmt Platz. Ich mache euch Tee, feinen Tee". Sie schien alles, was sie sagte, einmal zu wiederholen. *„Für mich bitte nur etwas Wasser, wie immer,"* wandte der Himmelsläufer ein. Sie hielt nur kurz inne: *„ Aber du Kleiner, du Kleiner trinkst gewiß Tee."*

Ohne meine Antwort abzuwarten, verschwand sie in einer Miniküche, und ich hatte Zeit, mich etwas umzusehen.

Das ganze Haus schien Gemütlichkeit und Geborgenheit auszustrahlen, auch wenn ich das Gefühl hatte, dass all die Möbel in eine Zeit von vor hundert Jahren gepasst hätten, fühlte ich mich spontan wohl.

Der Himmelsläufer hatte auf einem Sessel nahe dem Fenster Platz genommen und schaute hinaus in den Garten, so als wäre er in einer alten Erinnerung versunken. Es dauerte nicht lange, dann kam Uma mit dem Tee, einigen Keksen und dem Wasser für den Himmelsläufer zurück.

Sie balancierte alles geschickt auf einem Tablett, stellte es auf ein kleines Tischchen und setzte sich auf den noch freien Sessel. Sofort wandte sie mir alle Aufmerksamkeit zu, musterte mich eingehend und schloß dann die Augen. Es schien eine kleine Ewigkeit zu vergehen, bis sie ihre Augen wieder öffnete. Mir war – warum auch immer – plötzlich etwas schwindelig geworden, und ich mußte tief atmen. Denn obwohl ich auf einem Sessel saß, hatte ich das Gefühl, ich würde umfallen.

„Hab keine Angst, Kleiner. Mutter Erde trägt dich, und das kleine Volk ist dir zugetan."

Ich blickte fragend den Himmelsläufer an, der aber reagierte nicht, und so beschloß ich erst einmal nichts zu sagen und das war, wie sich später herausstellen würde, genau das Richtige. Wieder schloß sie ihre Augen, schien tief in sich hineinzusinken und sprach dann plötzlich mit einer ganz veränderten hohen Stimme zu mir:

„Dein Weg, dein Weg kommt Stein, kommt Steg, kommt guter Flur - vertraue nur. Sollst Freude – Segen sein für viele. Der Mutter ja, der Mutter diene. Sollst Freude - Segen sein für viele. Wirst Herzenslicht und Lehrer sein, wirst viele Pfade bald befreien. Vollende stets, was dir gegeben, sei Himmelslicht und sei der Mutter Segen, der Mutter Segen. Und suchst du Rat, den Engel dir nicht wissen, frag kleine Leut, frag kleine Leut, die hinter Stein und Strauch zuhause sind."

Der Singsang von Uma brach plötzlich ab und ganz im Gegensatz zu sonst, wo mich tausend Fragen bewegt hätten, hatte ich diesmal das Gefühl, alles verstanden zu haben.

Die Bedeutung jedes Wortes klang so tief in meiner Seele, dass interessanterweise keinerlei Fragen mich bewegten.

„Das kleine Volk mag dich wohl, Kleiner"
Sie blickte hinüber zum Himmelsläufer, und auch er machte einen durchaus zufriedenen Eindruck.
Kleiner Garten, kleines Haus, kleine Frau, kleines Volk. In ihrer Welt schien alles klein zu sein. *„Bist du denn vom kleinen Volk?"*, ich war selbst über meine Frage erstaunt und kaum hatte ich sie ausgesprochen, antwortete Uma jetzt wieder in ihrer eigenen Stimmlage: *"Ich, ich vom kleinen Volk? Bin ich etwa so groß wie ein Daumen?*
Nein, ich bin eine Riesin für das kleine Volk. Aber sie sprechen manchmal durch mich. Besonders dann, wenn jemand zuhören kann.

Dann...." sie begann zu erzählen vom kleinen Volk, von Irland, ihrer eigenen Heimat und von Geschichten und von alten Sagen. Und je länger ich ihr zuhörte, desto mehr war ich in eine Art zeitlose Zeit versetzt.

In eine Zeit, wo die Sagen und alten Geschichten einfach noch wahr waren. Sie erzählte mir von den Songlines, den Pfaden, auf denen ihre Vorfahren mit heiligen Liedern gewandert waren. Sie erzählte auch von anderen Ländern, deren Überlieferungen und Wissen sie kannte... von Australien und den Traumpfaden, auf denen die australischen Ureinwohner, die Aboriginies, seit tausenden von Jahren liefen, um den heiligen Weg zu gehen, um das ganze Land zu beleben. Sie erzählte Geschichten aus Süd-und Nordamerika und über das alte Wissen der Völker. All ihre Geschichten waren so miteinander verwoben wie ihr Garten. Sie ergaben ein Bild einer Zeit und einer Wirklichkeit, die einstmals wohl war – aber die doch auch von der modernen Kultur überlagert, immer noch, auch in unserer Zeit wirklich ist.

Wieder mal setzte sich in mir alles wie ein Puzzle zusammen, ein ganz klares inneres Wissensbild. Den Menschen zu zeigen, wie sie mit Segenskräften die Sternenwege befreien, die ja nichts anderes sind als die

Traumpfade und Songlines in den alten Sagen, nichts anderes als die Drachenwege und die heiligen Pilgerpfade. Ich wußte mit einem Mal ganz klar in mir, dass genau das unsere Welt wieder heilen konnte, zumindestens ein Stück weit, und es gab in mir nicht den leisesten Zweifel, dass ich diesen Weg gehen würde. Ja, dass auch du, der du diese Zeilen liest, dich neu erinnerst und vielleicht auch diesen heiligen Weg gehen wirst.

Das kleine Volk

In den Wochen und Monaten nach der Begegnung mit Uma gab es immer wieder Situationen, in denen ich das Gefühl hatte, dass mich das kleine Volk beobachten würde. Jedoch empfand ich das ausschließlich draußen in der Natur, besonders in den Wäldern oder im Park konnte ich manchmal deutlich ihre Anwesenheit spüren.

Ihre Stimmen waren mehr wie ein Gewisper oder ein Raunen, keine lauten deutlichen Stimmen. Doch immer, wenn ich vermeinte, ihren Singsang zu hören, wurde meine eigene Wahrnehmung besonders stark auf die Natur hin ausgerichtet.

Erst nach einiger Zeit begriff ich, dass sie auf diese Art mit mir und meinem Bewußtsein arbeiteten und mich darin unterstützten, Blumen, Steine, Bäume und vieles mehr, bewusster wahrzunehmen. Wenn für mich die Anwesenheit des kleinen Volkes zu spüren war, dann wurde es auf einmal ganz leicht und auch natürlich, mit einer Blume oder einem Baum zu kommunizieren.

Das kleine Volk und auch andere Naturwesen sind eher scheu. Sie scheinen in einer Dimension und Wirklichkeit zu leben, die sich so nahe an unserer eigenen Wirklichkeit befindet, dass sich beide Welten sozusagen ein Stück weit überlappen. So ist eine Begegnung und auch ein Austausch mit ihnen möglich, jedoch nur dann, wenn man einerseits dafür empfänglich ist und andererseits, wenn sich das kleine Volk auch uns zeigen möchte.

Wie bei so manchen Wirklichkeiten aus anderen parallelen Welten nehmen wir sie eher aus den Augenwinkeln heraus wahr, wenn wir jedoch unseren Blick klar auf sie fokussieren wollen, sehen wir meist gar nichts und sind dann verwundert oder geneigt, an einen Irrtum unsererseits zu glauben. Schnell verstand ich jedoch, dass immer dann, wenn ich ihre Anwesenheit spürte, oder sogar Bewegungen von ihnen im Augenwinkel sah, sie auch bereit waren, mir etwas zu zeigen, oder mir etwas mitzuteilen.

Wie gesagt, das kleine Volk ist eher scheu und verborgen, und doch hat die Welt der Menschen wohl einen direkten Einfluß auf ihre Welt. Sie nehmen sich selbst als einen Teil der Natur wahr, und wo immer wir grob und unachtsam mit der Natur umgehen, hat das eine direkte Auswirkung auf das kleine Volk und auch auf andere Naturwesen.

In den Gebieten, wo wir Menschen die Natur schon zerstört haben, kann man auch das kleine Volk nicht mehr wahrnehmen.

Anders als bei Engelwesen, die sich für mich meistens auf der Wahrnehmungsebene des Herzens bemerkbar machen, beginnt das kleine Volk zumeist mit einer Art Zeichen zu kommunizieren. Manchmal hatte ich den feinen Ton einer kleinen Glocke im Ohr, und kurze Zeit später kam es dann zu einem Kontakt mit dem kleinen Volk.

Nach einigen Wochen hörte ich die feine Glocke immer öfter, aber ausschließlich, wenn ich draußen in der Natur war. Ich gewöhnte mir an, dann innerlich zu sagen *„ach Glöckchen, da bist du ja wieder, ich freue mich sehr"*. Dann kam es danach meistens zu einer inneren Botschaft für mich, häufig in Reimform oder aber auch zu einem neuen Verstehen von Naturkräften.

Als Kinder lernen wir, dass das kleine Volk genauso wie die Elfen, Zwerge, Gnome und

Feen Märchengestalten sind, doch jetzt weiß ich, dass ihre Wirklichkeit keine Phantasie ist, sondern genau umgekehrt.

Unsere Phantasie ist ein Kommunikationsweg, durch den sich diese Wesen mitteilen können.

Neue Wege

Der Himmelsläufer fand mich, wie schon oft, im Stadtpark nahe meines Zuhauses. *„Lass uns heute mal einen neuen, einen anderen Weg gehen"* schlug er mir vor, und wir stiegen auf einen der kleinen Hügel im Park.

Mir fiel auf, dass wir doch bisher noch nie gemeinsam auf dem Hügel gewesen waren, obwohl der Park in seiner Größe eher überschaubar war. Ganz oben stand eine alte Holzbank, von der aus wir einen wunderbaren Blick in die Weite hatten.

Nach einigen stillen Augenblicken begann der Himmelsläufer zu mir zu sprechen:

„Die Welt ist ein weiter Raum, voll von unzähligen Möglichkeiten", er machte eine weitausholende Geste "wir Menschen könnten hier wie in einem Paradies leben.

Stattdessen jedoch zerstören wir diese Erde, wir vernichten in atemberaubender Geschwindigkeit auch die zukünftige Welt unserer Kinder. Der heilige Weg, er ist fast im Verschwinden, dabei ist er die einzige Möglichkeit, die wir noch haben, um alles zu bewahren." Er blickte mir tief in die Augen, und seine Worte berührten mich.

„Erinnerst du dich an den Tag, als wir uns hier im Park das erste Mal trafen? Es ist fast genau sieben Jahre her. Alles geschah auf die alte Art und Weise — so wie sich zwei Himmelsläufer begegnen und kennenlernen. Wir hatten miteinander ein Zeichen!"

„Ein Zeichen?" fragte ich."

„Ja du hast mein Himmelsläufer-Gehen erkannt, und ich habe den künftigen Himmelsläufer in dir gesehen.Wenn die Dinge so gefügt werden, sind sie stets ein Zeichen und zumeist ein Segen.

Durch alle Zeiten hindurch, haben sich die Himmelsläufer so, oder so ähnlich, erkannt und gefunden. Jetzt aber ist eine andere Zeit gekommen, und wir müssen versuchen, so viele Menschen wie möglich zu erinnern und zu erwecken, bevor es zu spät ist. Bevor so viel auf der Erde zerstört ist, dass unsere Kinder keine Zukunft mehr haben werden.

So bitte ich dich, schreibe alles auf, was ich dir im Laufe der Zeit gesagt habe und gib dieses Wissen an möglichst viele Menschen weiter. Es werden sicherlich einige darunter sein, die dem Weg des Himmelsläufers folgen wollen. Durch das Segnen der heiligen Pfade wird viel Gutes zurück in die Welt kommen. So werden wir unseren Teil dazu tun, die Erde zu heiligen und auch zu heilen.

Wir können nur nicht mehr warten, bis ein Schüler oder eine Schülerin uns findet und dann zum Himmelsläufer wird. Jetzt müssen wir uns selbst aufmachen und ungewöhnliche, neue Wege gehen, Wege, die möglichst viele Menschen auf den heiligen Weg der Himmelsläufer führen. Ich habe mit Pablo gesprochen und auch mit Uma, es ist höchste Zeit!"

Die Bitte

„Gib das Wissen der Himmelsläufer in die Welt, ja, lass uns viele Himmelsläufer erwecken und ausbilden.

Es wird ein Segen in dem sein, was du aufschreibst, eine besondere Kraft, dass allein dadurch, dass Menschen es lesen oder hören, sie innerlich erwachen und sich daran erinnern, den heiligen Weg zu gehen. Schreib alles auf, was wir dir gezeigt haben und forme daraus ein Buch. So erreichst du sehr viele Menschen.

Die von ihnen, die den Ruf in sich spüren, ein Himmelsläufer zu werden, werden zu dir kommen, und du gibst ihnen dann das nötige Wissen in die Hand.

So werden in den kommenden Jahren viele Himmelsläufer und Himmelsläuferinnen erweckt.

Der heilige Werg wird neu belebt und Ungeahntes wird geschehen. Beginne damit, den Menschen das Segnen nahe zu bringen und du wirst sehen: Alles andere wird sich fügen.

Gib das Wissen der Himmelsläufer weiter."

Lange Zeit blieben wir gemeinsam im Schweigen. Dann versprach ich dem Himmelsläufer, seiner Bitte Folge zu leisten. Schließlich verabschiedeten wir uns herzlich und etwas in mir wußte genau, das war nicht unsere letzte Begegnung gewesen, aber es war sicher eine der wichtigsten gewesen.

Der Himmelsläufer - ein Epilog

Heute gehe ich auf Mutter Erde
Heute gehe ich den heiligen Weg
Ich singe die heiligen Lieder,
im Herzen singe ich sie.
Mit Segen berühre ich all die Wesen,
die Pfade, die leuchten,
ich segne auch sie.
Ob Engel, ob Bäume,
ob Mensch oder Tier,
ich segne die Wesen,
darum bin ich hier.
Weil Himmelsweite den Füßen nicht fremd,
weil Herzenslicht wohnt in meinem Wirken,
darum Mutter Erde,
darum sie mich kennt.

Feenzauber

Das kleine Volk aber sagt,

willst Glück du haben,
nimm was Grünes, nimm was Rotes
alles lebendig – nimm nichts Totes.
Daraus flechte einen Kreis –
verwebe den Wunsch,
sei Dank und Lobpreis.

So wird's gelingen und Segen dir sein.

Himmelsläufer Ausbildung

Wenn bei Ihnen ein aufrichtiges Interresse besteht, die Himmelsläufer – Ausbildung zu absolvieren, können Sie gerne mit uns Kontakt aufnehmen. Wir senden Ihnen dann unverbindlich die Infos zur Ausbildung zu.

Mail:
donald@angelos-zentrum.de

Webseite: www.angelos-zentrum.de
oder: www.bliss-segensfeld.com

per Post:
Donald Freeman Jaskolla
Eisenacherstr. 9
12109 Berlin

Der Mensch ist als Hüter des
Lebens gedacht.
Als eine Brücke zwischen Himmel
und Erde.